唐瑞裕著

文史哲學集成

清代吏治探微（二）

文史哲出版社印行

國家圖書館出版品預行編目資料

清代吏治探微．二 / 唐瑞裕著. -- 初版. --
臺北市：文史哲，民 87
面： 公分. -- (文史哲學集成；392)
參考書目：面
ISBN 957-549-125-4(平裝)

1. 政治制度 - 中國 - 清(1644-1912) - 論文，講詞等

573.17 87002101

文史哲學集成

清代吏治探微(二)

著　　者：唐　瑞　裕
出 版 者：文史哲出版社
登記證字號：行政院新聞局版臺業字五三三七號
發 行 人：彭　正　雄
發 行 所：文史哲出版社
印 刷 者：文史哲出版社
臺北市羅斯福路一段七十二巷四號
郵政劃撥帳號：一六一八〇一七五
電話 886-2-23511028・傳眞 886-2-23965656
實價新臺幣三〇〇元

中華民國八十七年六月初版

ISBN 957-549-125-4

清代吏治探微(二) 目次

清代乾隆朝封贈制度研究

本文提要

中國歷代王朝爲了推恩大官重臣，除了授予官員本身職官外，更授予官員本身及其妻室爵位名號之封典，更將官爵名號授給官員的父母和祖先，這就是封贈制度。封贈制度的精神，除了顯榮官員本身，還可以推恩逮及自己父母妻室祖先，以發揚崇尚孝道精神。清代封贈制度，沿用明制。清聖祖康熙初年，實施以「覃恩封贈」，遇國家慶典廣予百官封典。清代封贈制度分「予封」及「貤封」兩種。所謂「予封」是指皇帝遇「覃恩」除封授官員本身品級階官及其妻室命婦稱號外並按品級封贈曾祖父母、祖父母、父母有別。所謂「貤封」是指官員遇覃恩封贈時，爲感念親族長輩教養恩育之情，可以呈請貤封，即以本身妻室受封之階官名號，可以呈請移授自己的親族尊長。清代封贈官員妻室和祖先、按品級不同頒授誥命或敕命兩種。有職官員固然按不同階官可以穿戴不同章服。無職之人亦可以按所得階官的章服穿戴以顯榮耀。本文謹參考大清會典、清高宗本紀、清代宮中檔乾隆朝奏摺等史料，以說明清代封贈制度的由來和內容。並以乾隆朝官員奏請貤封封贈的實例以說明清代封贈制度的實際執行情形。中國封贈制度，演變到清代，更趨完備。

一、前　言

中國歷代官員爲朝廷服務，爲皇帝効力，所獲得的便是官員的品秩俸祿——就是官員個人的政治地位和權力，榮譽稱號和經濟待遇，即是官吏制度中的酬勞制度。封建王朝用優厚的政治地位，經濟待遇及榮譽稱號，以確保各級官吏正常而持續地發揮個人的行政職能，有效地管理國家事務，並以此吸引廣大士人入仕，爲政府盡心職守，以保障政府穩固，統治朝廷能延續不衰。朝廷爲了推恩大官重臣，除授予官員本身及其妻室爵位名號之封典外，更將官爵名號授給官員的父母和祖先，這就是封贈制度。而封贈制度的目的無非在「遂臣子顯揚之願，勵移孝作忠之風。」（清高宗實錄第四卷）除了顯榮本身處，還可以推恩逮及自己父母妻室祖先。由於這種封典雖只是虛譽封號，但卻能滿足官員個人的虛榮心，而朝廷並未實質損失，所以這項制度施行甚久且非常完備。茲就清代封贈制度的由來和內容加以研究，並以乾隆朝官員奏請貤封貤贈的實例，以說明清代乾隆朝封贈制度的實際執行情形。

二、中國「散官」「階官」的由來

中國古代官員的銜稱，歷有兩種，即「職事官」和「散官」。以職事官定其職守；以散官定其班位。官員的品級制代表了職事官的品階，而品秩中還應包括了散官的品階。職事官品階稱職品是官職本身的品級；而散官的品階稱本品，即官員本身品級。總之，凡做官都有散位，擔任具體職務時則另有官職品級。中國在漢朝以前，做官就有職、官職不分。西漢中葉以後，出現了不承擔具體職務的官名。如漢魏時，往往以「特進」、「光祿大夫」官銜以褒獎功臣或是尊崇貴戚。「特進」據《後漢書百官注》注引〈漢制度〉云「功德優盛，朝廷所敬畏者，賜『特進』」，就能在參加朝會時，即所謂奉朝請時班次居前。至於「光祿大夫」，漢武帝時爲掌顧問應對的近臣。進入三國時期，「特進」、「光祿大夫」已成爲優崇致仕公卿的榮譽虛銜。隋朝時散官制度開始確立，在《隋書·百官志下》云：「居曹有職務者爲執事官，無職務者爲散官也」。散官文武皆有，隋初散官共六階，隋煬帝時擴大到十七階。同時又設置散階品位，從第一階光祿大夫爲從一品起，等而次之，至十七階立信尉爲從九品，至此散官制初步定型。到了唐宋已形成散官體系，唐宋的文官散階爲九品廿九階，武官散階爲九品三十一階。這時的「特進」、「光祿大夫」分別爲文官散階中的正二品從三品，階官中的第二階第三階，因此地位確實很崇高。

三、清代的階官封贈

官吏依其散官階級授以爵名封號謂之階官。而皇帝給了官員本身及妻室和祖先的階官榮典稱爲封典。封典的封授都是在國家遇有慶典時廣予百官，謂之「覃恩封贈」。文武官員授封，均由朝廷頒授文書，曰「誥命」、「敕命」兩種。清代「誥」「敕」頒授制度，據「欽定大清會典」卷十二注云「

五品以上官，授誥命。六品以下官，授敕命。」（註一）誥命及敕命均由清內閣漢票簽處撰擬，經誥敕房審查、校閱繕定的正本，經用寶後，發交吏、兵二部轉頒。文職官員隸吏部驗封清吏司，武職官員隸屬兵部武選清吏司辦理覃恩封贈事宜。

清代文武階官等級分述如下：

(一)文職階官共有十八級：

《清史・職官志》卷一記載名稱如後：

封贈，階十有八：正一品授光祿大夫，從一品授榮祿大夫，正二品授資政大夫，從二品授通奉大夫，正三品授通議大夫，從三品授中議大夫，正四品授中憲大夫，從四品授朝議大夫，正五品授奉政大夫，從五品授奉直大夫，俱授誥命。正六品授承德郎，從六品授儒林郎，吏員出身者宣德郎，正七品授文林郎，吏員出身者宣議郎，從七品授徵仕郎，正八品授修職郎，從八品授修職佐郎，正九品授登仕郎，從九品授登仕佐郎，俱授敕命。（註二）

此乃文職的階官。

(二)武職的階官也有十八級：

《清史・職官志》卷一記載名稱如後：

階十有八：正一品授建威將軍，公、侯、伯同，從一品授振威將軍。正二品授武顯將軍，從二品授武功將軍，正三品授武義都尉，從三品授武翼都尉，正四品授昭武都尉，從四品授宣武都尉，正五品授武德騎尉，從五品授武德佐騎尉，正六品授武略騎尉，從六品授武略佐騎尉，正七品授武信騎尉，從七品授武信佐騎尉，正八品授奮武校尉，從八品授奮武佐校尉，正九品授修武校尉，從九品授修武佐校尉。(註二)

武職階官屢有變動，至乾隆五十二年始規定如前，至此清代文武階官同是十八品十八級。

清代官員遇覃恩封贈，除誥敕官員本身階官封號外，其本身妻室、母親、祖母、曾祖母等女性，亦獲得封贈名號是爲命婦稱號。清代命婦共有九級，文武職稱相同，《清史職官志》記載道：

命婦之號九：一品曰夫人，二品亦曰夫人，三品曰淑人，四品曰恭人，五品曰宜人，六品曰安人，七品曰孺人，八品曰八品孺人，九品曰九品孺人，不分正從。因其子孫封者，加太字，夫在則否。(註三)

清代命婦稱號，只限於嫡配正室和嫡妻亡故後的繼室，一般不推及妾媵等其他妻房。清代封贈階官官員妻室和祖先除誥敕名號外，有職官員固然按不同階官可以穿戴不同章服，無職之人亦可按所得階官的章服穿戴以顯榮耀，現按大清會典所載各階文官冠服，經整理說明如下：(註四)

清代官員的頂戴，禮服均有朝用常用兩種。二品以上穿紫貂，五品以上穿白狐。五品以上掛朝珠，文官補服繡用飛禽圖案，而武官補服則繡走獸圖案。各級官員的章服規定如後：

(一)正、從一品，誥授光、榮祿大夫，妻夫人。頂戴，朝用紅寶石嵌東珠，常用珊瑚。補服，仙鶴、貂掛。袍蟒一二三品五爪者九。

(二)正、從二品，誥授資政、通奉大夫，妻封夫人。頂戴，朝用珊瑚嵌小紅寶石；常用起花珊瑚。補服，錦鷄。

(三)正、從三品，誥授通、中議大夫，妻封淑人。頂戴，朝用藍寶石嵌小紅寶石；常用藍寶石及藍明玻璃。補服，孔雀。

(四)正、從四品，誥授中憲、朝議大夫，妻封恭人。頂戴，朝用青金石嵌小藍寶石；常用藍涅玻璃。補服，雲雁。蟒袍四五六品五爪者八。

(五)正、從五品，誥授奉政、奉直大夫，妻封宜人。頂戴，朝用水晶嵌小藍寶石；常用水晶及白明玻璃。補服，白鷴。都察院及按察司官用獬豸。

(六)正、從六品，敕授承德、儒林郎，妻封安人。頂戴，朝用車渠嵌水晶，常用車渠及白涅玻璃。補服，鷺鷥。

(七)正、從七品，敕授文林、徵仕郎，妻封孺人。頂戴，朝用花晶嵌小水晶；常用素金。補服，瀷鶒。蟒袍七八九品四爪者五。

(八)正、從八品，敕授修職、職佐郎，妻封孺人。頂戴，通用起花金頂。補服，鵪鶉。

(九)正、從九品，敕授登仕、登仕佐郎，妻封孺人。頂戴，朝用起花；常用鏤花金頂。補服，練雀又名拕白練。

四、清代封贈制度

清代封贈制度，沿用明制，順治朝規定覃恩及三年考滿，均給封贈。到了康熙朝初年，便廢除了文武職考滿封贈的規定，只以「覃恩封贈」。所謂「覃恩封贈」即國家遇有慶典廣予百官封典。如清代乾隆朝六十年間爲例，清高宗頒恩詔「覃恩有差」共有七次：

第一次是雍正十三年九月十二日（西元一七三五年十月廿六日），（因清世宗卒於雍正十三年八月二十三日子刻）。〈清史卷十，高宗本紀一〉記載：

雍正十三年九月丁未（十一日）上大行皇帝尊謚曰敬天昌運建中表正文武英明寬仁信毅大孝至誠皇帝，廟號世宗。次日（戊申）頒詔覃恩有差。（註五）

第二次是乾隆二十六年十一月二十一日（西元一七六一年十二月十六日），因皇太后（清高宗生母孝聖憲皇后）七旬萬壽。〈清史卷十二，高宗本紀三〉記戴：

乾隆二十六年十一月甲寅（廿日）皇太后加上徽號曰崇慶慈宣康惠敦和裕壽純禧恭懿皇太后。翌日（乙卯）頒詔覃恩有差。丙辰上奉皇太后御慈寧宮，率王大臣行慶賀禮，進製聖母七旬萬壽連珠。（註六）

第三次是乾隆三十六年十一月廿日（西元一七七一年十二月廿五日），因皇太后十一月辛酉（廿五日）八旬萬壽。〈清史卷十三，高宗本紀四〉記載：

乾隆三十六年十一月丙辰（廿日）上奉皇太后御慈寧宮，奉上徽號曰崇慶慈宣康惠敦和裕壽純禧恭懿安祺皇太后，頒詔覃恩有差。……辛酉皇太后萬壽聖節。（註七）

第四次是乾隆四十二年五月初二日（西元一七七七年六月六日），因皇太后崩於乾隆四十二年正月庚寅（廿三日），於五月初一日皇太后神牌升附太廟。〈清史卷十四，高宗本紀五〉記載：

乾隆四十二年五月乙丑（初一日），孝聖憲皇后神牌升附太廟，翌日頒詔覃恩有差。（註八）

第五次是乾隆四十五年正月初一日（西元一七八〇年二月五日），清高宗誕生於康熙五十年八月十三日子時，本年恭逢清高宗七旬萬壽。〈清史卷十四，高宗本紀五〉記載：

乾隆四十五年春正月庚辰（初一日），以八月七旬萬壽，頒詔覃恩有差。（註九）

第六次是乾隆五十年正月初一日（西元一七八五年二月九日），因乾隆朝五十年國慶而頒詔覃恩，並賜千叟宴。〈清史卷十四高宗本紀五〉記載：

乾隆五十年春正月辛亥朔（初一），上以五十年國慶，頒詔覃恩有差。（註一〇）

〈清鑑卷八〉高宗純皇帝有賜千叟宴的記載：

（綱）乙巳五十年，春正月賜千叟宴。（目）時帝已七十有五歲，御宇五十年矣，特御乾清宮，賜千叟宴，自親王郡王以下，外至蒙古回部番酋及朝鮮國等，年六十歲以上者皆入宴，凡三千人。（註一一）

五十年國慶，京城內外舉國慶祝，故頒詔覃恩。

第七次是乾隆五十五年正月初一日（西元一七九〇年二月十四日），因本年恭逢清高宗八旬萬壽，故頒詔覃恩。〈清史卷十五高宗本紀六〉記載：

乾隆五十五年，春正月壬午朔（初一），以八旬萬壽頒詔覃恩有差，普免各省錢糧。（註一二）

清代官員遇覃恩封贈，頒給官員誥敕，分予封及貤封兩種，皆由吏部驗封清吏司審核具題，得旨後咨題內閣誥敕房，誥敕房按刊定文式刷印草本，交中書科按品塡寫後，仍移交誥敕房校閱用寶，再分別按文武職交吏部與兵部頒發到官員。現按覃恩予封及貤封分述於後：

㈠予 封

清代覃恩予封，皇帝除封授官員本身品級階官及其妻室命婦稱號外，並按品級封贈曾祖父母、祖父母，父母有別，其規定如〈欽定大清會典卷十二〉記載：

凡覃恩予封者，辨其官之任，與其級，列其應封者之名氏存故而題焉。得旨，則給以誥敕。（五品以上官，授誥命。六品以下官，授敕命。）凡官九品而上，予以其身之階。（八品九品官，給敕命一軸。）七品以上，逮其父母及其妻。（四品五品官給誥命二軸，六品七品官給敕命二軸。）三品而上，逮其祖父母。（二品三品官給誥命三軸。）一品，逮其曾祖父母。（一品官給誥命四軸。）（註一三）

換言之，清代覃恩予封，一品官曾祖父母、祖父母、父母和本身及其妻室均有封贈誥命。二、三品官祖父母、父母和本身及其妻室均有封贈誥命。四、五、六、七品官父母和本身及其妻室均有封贈，四、五品官給誥命，而六、七品官給敕命。八、九品官給敕命只封贈官員本身，不封贈其妻；但可將本身封典貤封其母。誥命敕命的裱裝軸端，因品級不同也有差別；一品用玉，二品用犀，三四品用裹金，五品以下用角。夫妻合書一軸，父母合書一軸，祖父母合書一軸，曾祖父母合書一軸。

(二)貤　封

清代官員遇覃恩封贈時，為感念親族長輩教養恩育之情，可以呈請貤封。即以本身妻室受封之階官名號，呈請移授自己的親族尊長，當然以未得封贈的或階官名號較低的為限，而停止本身妻室的封號，親族長輩尚存的謂之貤封，如已歿，則稱貤贈。

呈請貤封或貤贈，京官大員例由本人專摺奏請；而外任官員，大官自己專摺奏請，文職官員自布政使及按察使以下，武職官自副將、參將以下，例應詳報督撫核明彙奏。文武職分別由吏部兵部查覈彙題，經皇帝頒旨准其貤封貤贈，並停止其本身妻室的封典後，由吏兵部劄付通知，再須原呈請人造具應封姓氏名冊及同鄉同官印結，送部請給誥命或敕命。

清代貤封制度，分述如下：

甲、貤封（贈）對象，官員本身品級的高低有不同的規定，官做得越大，貤封輩份越高，表明祖上陰德越加越盛，根據〈大清會典〉整理說明之：

1.就直系尊親的規定，可貤封（贈）父母、祖父母、曾祖父母。八九品官必得貤封父母。

凡貤封，不踰制。（八九品官貤封父母，不得貤封祖父母。四五六七品官貤封祖父母，不得貤

封曾祖父母。二三品官貤封曾祖父母，不得貤封高祖父母。一品官亦不得貤封高祖父母。）（註一四）

八品九品官皆令貤封父母焉。（八九品官，其父母未封贈者，不給本身封，皆令貤封。惟其父有官，或已受他子封贈者，乃給本人之封。（註一五）

2.就本宗長輩的規定，可貤封伯叔祖父母、伯叔父母、兄嫂、庶母。

其本宗惟伯叔祖父母、伯叔父母、兄嫂及庶母准其貤封。（註一六）

3.就外姻來說，只准貤封外祖父母。

外姻惟外祖父母，准其貤封，此外皆不得貤封。（註一七）

4.官員本身的繼嗣的祖父母、父母已得封贈，便可將本身妻室的封典可貤封本生父母、本生祖父母。

為人後者，其所後祖父母，父母已封贈者，准其貤封本生父母，貤封本生祖父母。（註一八）

乙、貤封官階大小的規定，子孫官階大於長輩祖先，則可貤封長輩祖先；子孫官階較小者不能貤封。同階則以子孫品級大者可貤贈（封）。

凡階大者，得加於小。（業經受封後又升調者，再遇覃恩，皆授以新階。曾祖父先有封者，子孫階大，亦准封贈。）小者不得加於大。（祖父官高於其子孫者，不受其子孫封贈，亦不准照祖父原官封贈。（註一九）

階同，則視其大者從之。（如子孫同仕非止一人，其祖父封贈，則從其階之大者。）（註二〇）

丙、封贈母親的規定：

1.生母則從子官封贈。

封母者，如父官高於子，生母則從其子官封贈。嫡母繼母，不准照其父原官封贈，如願照子官受封者聽。宗室女曾賜名爵者，不受其夫與子孫封贈。（註二一）

2.夫與子皆爲官，則以官階最高的人封贈之。

婦人夫與子孫皆有官，亦從其品之大者封贈。（註二二）

丁、父祖同在現任，分別只能接受本身的現任階官封典，不得接受子孫封贈，否則必須棄職就封。

若官方仕者，不授以子孫之階焉。（無論文武大小官，現任者皆不給予子孫之封。已受子孫之封者，亦不准出仕。其願棄職就封，及註銷封典出仕者聽。（註二三）

戊、清代給封的幾項限制，根據〈欽定大清會典卷十二〉整理如下：（註二四）

1.請封以恩詔下二年爲限，踰此請封不准給。

2.候選候補官及議敘官生，分發部院學習之郎中以官皆不給封。

3.應給封之官，守制終養及因省親回籍修墓改葬告假之官，仍照原官品級給封。其餘在詔前告假休致之官不給封；在詔後仍給。

4.詔後因事至降調官，仍准給封。

5.革職則不給封，以京察大計降者，亦不給封。若革職後還職在二年限內仍准補給。

6.應封贈之曾祖父母，祖父母，父母曾犯罪至十惡，妻非禮聘室女，皆不給封。

7.官員已給封後，如因失誤軍機及貪污者遭革職，所頒誥敕立即追奪。但因公詿誤及別項革職者，免其追奪。

8.婦人因夫與子得封者，不許再嫁，違者誥敕追奪。

9.八旗職官之妻已經受封，夫亡願歸母家者，准其父母領回，亦令繳還誥敕。

以上的敘述，是根據〈大清會典〉的記載，對於清代封贈制度的內容必能詳細了解。

五、清代乾隆朝官員，奏請貤封的事例

清代宮中檔奏摺，主要是清代各朝臣工進呈君主的公文書，經君主親手御批及軍機大臣奉旨代批的奏摺，經發還大臣後，定期繳還宮中。國立故宮博物院現收藏清代列朝滿漢文宮中檔奏摺，共有十五萬餘件，其中乾隆朝宮中檔奏摺便有五萬九千餘件。民國七十七年七月，國立故宮博物院已將宮中檔乾隆朝滿漢文奏摺，影印出版了七十五冊專輯，名爲宮中檔乾隆朝奏摺。經檢閱了乾隆四十二年五月至乾隆六十年的宮中檔乾隆朝奏摺專輯，得到了官員呈請或彙奏代請貤請封贈的事例，共有一七二件。（請見附錄一），其中有五件因貤封對象沒有詳細縷列，無法分類討論。故以一六七件奏請貤封的事例中，以貤封對象來說，共有十五種之多。（請見附錄二）最多的是奏請貤封曾祖父母，含本生

曾祖父母，共有六十九件，占全數的百分之四十一·三一。奏請者以游擊從三品官達三十四件佔最多。其次以貤封叔父母者有二十三件，占百分之十三·七七，此類奏請者大多以父母早故，從小受叔父母養育及教讀，以貤封圖恩報。次者是奏請貤封兄嫂，共有二十二件，占百分之十三·一七，也多以父母早故，受兄嫂養育成人，貤封以圖恩報。再其次是貤封伯父母，共有十五件，占百分之八·九八。再其次是貤封本生父母，共有十件，佔百分之五·九八，請貤封人從小過繼給長伯父母爲嗣，不忘生育之恩。以下依次是貤封外祖父母共九件，貤封祖父母七件、庶祖母一件、庶母三件、父之妾一件、妻父母三件、表叔嬸一件、姑父母一件、堂兄嫂一件、堂叔嬸一件，共計十五種一六七件事例。

從上述一六七件奏請貤封事例中，得到幾項〈清會典〉未記載的規定分述如下：

㈠官員遇覃恩，凡有兼銜准從其品級大者請封。山西巡撫並兼提督印務的覺羅巴延三，於乾隆四十二年十一月十五日，因奉乾隆四十二年五月二日恩詔，具摺奏請依照提督兼銜一品加封曾祖父母。（註二五）同月廿五日奉到清高宗硃批「自然」。因覺羅巴延三之現任巡撫及前任河南布政使都是從二品，按規定只能封贈祖父母、父母，而一品官即可請封曾祖父母。即以其兼銜貤封。

㈡凡依規定奏請貤封俱蒙恩准。湖南巡撫顏希深於乾隆四十二年十月廿二日爲據情代奏摺（註二六），有這樣的一段話「臣恭查本年覃恩曠典，凡奏請貤封者，俱蒙恩准。……」可見每次覃恩封贈，奏請貤封者都能獲得恩准。

㈢滿州、蒙古、漢軍旗員陞轉在恩詔前，不分已未到任具准封贈，但是綠營官及漢官雖在恩詔前陞轉，後到任者卻不准封贈。福建建寧鎮總兵官郝壯猷於乾隆四十三年三月十八日爲懇請俯准貤贈曾祖父母摺記載云：

……查奴才前在湖南沅州副將任內，於乾隆四十二年三月二十四奉旨陞補福建建寧鎮總兵，於七月十一日到任。是陞轉雖在恩詔以前，而到任係在恩詔以後，應照副將品級例得封贈二代。……奏懇俯准奴才同妻應得副將任內封典貤贈祖父郝升吉，曾祖母岳氏，繼曾祖母程氏王氏。（註二七）

㈣奏請貤贈父之妾，其與〈大清會典〉規定：「妻非禮聘室女皆不給封。」「凡封妻者，嫡妻、繼妻皆封焉，妻再繼者不給封。」（註二八）總兵高臻於乾隆四十三年五月十五日爲仰懇貤贈摺。

惟奴才幼失怙恃，賴父妾趙氏鞠育得以成立……仰祈皇上俯准奴才將奴才妻室應得封典，貤贈慈母趙氏……。（註二九）

㈤其他，奏誰貤封對象，與〈大清會典〉不合的有「堂叔嬸」、「堂兄嫂」、「姑父母」、「表叔嬸」、「妻父母」等。就其事例分述於後：

1.奏請貤封「堂叔嬸」，計有一件。山西巡撫覺羅巴延三，於乾隆四十三年七月十一日爲據情代奏摺：

……又據介休縣知縣呂公滋呈稱；親母早故，賴堂嬸母常氏，撫養鞠育恩義並深，願將本身妻室應得封典貤封堂叔呂仰曾，堂嬸母常氏……。（註三〇）

2.奏請貤封「堂兄嫂」，計有一件。廣東巡撫李質穎，於乾隆四十四年三月十三日爲據情代奏摺：

……茲據廣東布政使姚成烈詳稱原任廉州府調補肇慶府知府覺羅安福……並稱堂兄壽住未娶身故，嫂瓜爾佳氏一聞兄訃，匍匐奔喪矢志孀守，情願將本身妻室應得封典，封贈堂兄嫂，則存歿感載恩榮於無既。……（註三一）

3.奏請貤封「姑父母」，計有一件。直隸總督周元理，於乾隆四十三年七月二十六日爲據情代奏摺：

……又藁城縣知縣，陞署延慶州知州于時兆，情願將本身妻室應得封典，貤封姑父莊秉中姑母于氏。（註三二）

4.奏請貤封「表叔嬸」，計有一件。四川總督文綬，於乾隆四十三年九月廿五日爲據情代奏摺：

……川北鎮右營千總馬化鵬，願將本身妻室應得封典，貤封表叔浦達宏表嬸陳氏。……（註三三）

5.奏請貤封「妻父母」事例，計有三件：

(1)湖廣總督三寶，於乾隆四十三年三月廿五日爲據情代奏摺：

……又據湖南永綏協副將陳大用詳稱，今大用情願將本身妻室應得一品世職封典，貤贈妻父顧弼妻母汪氏、李氏。……（註三四）

(2)雲南巡撫裴宗錫，於乾隆四十三年十一月一日奏爲請旨事摺：

……據元江直隸州知州宋惠綬詳稱，該員籍隸江蘇，自幼定婚於天津查氏。年甫十一，父即見背，幸賴妻之父母招致教養，得以成立。名雖翁婿實同父子。今妻之父查爲仁，妻之嫡母劉氏，現有子查善長以御史官邀請誥贈；而妻之生母張氏孀居三十餘年，僅此一女並無子嗣，恩情倍切圖報彌殷。請將本身妻室應得封典，援照本年四月內，湖廣永綏協副將陳大用，貤贈妻之父母生母之例，貤封妻之生母張氏，俾展恩私。……（註三五）

(3)陝西巡撫畢沅，於乾隆四十四年三月十八日爲據情奏請貤封摺：

……又據府谷縣鄭居中申稱，該員係正七品，例應請封一代及本身妻室。緣該員七歲失母，賴妻父朱慶章，妻母江氏撫養成立，願將本身妻室應得封典，貤贈受恩撫養之妻父母。……（註三六）

六、結論

中國封贈制度，歷史悠久，夙爲朝廷官吏所重視，更爲一般士子所嚮往。官員遇覃恩封贈，獲得皇帝頒給誥敕，是一項莫大的榮典，除了本身獲得榮耀，突顯地位外，更可以封贈祖先，發揚崇尚孝道精神。封贈制度是由散官階官的封賜爵號而來，階官品秩愈高，其榮耀愈顯，章服愈盛，朝班愈前。中國封贈制度，演變到清代，更趨完備。官吏每遇覃恩頒詔，官員除本身得到封贈外，其妻室，父母、祖父母，曾祖父母也可一體獲得封贈榮典。另有推恩貤封的規定，更可以將官員本身及妻室應得封典貤封（贈）給未得封贈的本宗尊長或外姻長輩，以表感恩圖報。但是，因官員品秩高低不同，所能封贈及貤封的對象不同。品秩愈高、封贈祖宗代數愈多，榮耀也愈大。顯有鼓舞士氣，獎勵從公的作用。但清代，自道光朝起，因國庫匱乏，始允許捐封。輾轉推衍，甚至使封贈制度清純的獎勵精神受到金錢污染而喪失殆盡，實甚可惜。綜觀清代封贈制度，大體而言仍然是一項有助於官員向心與奮勉的制度。

【附　註】

註　一　《欽定大清會典》卷十二，頁七。（光緒十二年敕撰，光緒二十五年刻本，啓文出版社出版，民國五十二年一月）。

註　二　《清史》卷一一五〈職官志〉卷一，頁一三五九。（國防研究院印行，民國五十二年八月再版）

註　三　同註二，頁一三六四。

註　四　依「清代科舉」附表「清代文官品級頂戴補服表」表⑩，該書係劉兆璸著，東大圖書公司出版，民國六十六年二月出版。

註　五　同註二卷十〈高宗本紀〉卷一，頁一二九。

註　六　同註二卷十二〈高宗本紀〉卷三，頁一七三。

註　七　同註二卷十三〈高宗本紀〉卷四，頁一八五。

註　八　同註二卷十四〈高宗本紀〉卷五，頁一九三。

註　九　同註八，頁一九五。

註一〇　同註八，頁二〇〇。

註一一　〈清鑑〉又名〈清鑑綱目〉，上海書局於一九八五年十月影印世界書局一九三六年版影印出版。本書係印鸞章編。卷八，頁四六二。

註一二　同註二卷十五〈高宗本紀〉卷六，頁二〇七。

註一三　同註一。

註一四　同註一，卷十二，頁九。

註一五　同註一四。

註一六　同註一四。

註一七　同註一四。

註一八　同註一四。

註一九　同註一四。

註二〇　同註一四。

註二一　同註一四。

註二二　同註一四。

註二三　同註一四。

註二四　同註一，卷十二，頁十。「凡給封，限以制。」

註二五　宮中檔乾隆朝奏摺第四一輯，頁四。

註二六　宮中檔乾隆朝奏摺第四〇輯，頁五一四。

註二七　宮中檔乾隆朝奏摺第四二輯，頁四〇〇。

註二八　同註一，卷十二，頁八。

註二九　宮中檔乾隆朝奏摺第四三輯，頁一〇五。

註三〇　宮中檔乾隆朝奏摺第四四輯，頁二一九。

註三一　宮中檔乾隆朝奏摺第四七輯，頁一三五。

註三二　宮中檔乾隆朝奏摺第四四輯，頁三六一。

註三三　宮中檔乾隆朝奏摺第四四輯，頁八五一。

註三四　宮中檔乾隆朝奏摺第四二輯，頁四五五。

註三五　宮中檔乾隆朝奏摺第四五輯，頁三五五。

註三六　宮中檔乾隆朝奏摺第四七輯，頁一九二。

附錄一　清代乾隆朝奏請貤封（贈）封典之事例（四二年五月→五一年六月）

具奏日期	具奏人 職銜	具奏人 姓名	請貤封（贈）封典人 職銜	請貤封（贈）封典人 姓名	受貤封（贈）人 謂稱	受貤封（贈）人 姓氏	奉恩詔年月	資料來源	備考
42.5.22	翰林院侍講學士	朱珪 ①		同具奏人	外祖父 外祖母	徐覺民 史氏	42.5.2	乾隆宮中檔三八輯七〇七頁	
42.6.25	山東登州鎮總兵官	李化龍 ②		同具奏人	曾祖父 曾祖嫡母 曾祖繼母	李盛時 王氏 常氏	42.5.2	乾隆宮中檔三九輯一九七頁	42.7.21 奏謝奉准貤贈
42.7.1	江南提督	陳杰 ③		同具奏人	本生父 本生母	陳景祿 張氏	42.5.2	乾隆宮中檔三九輯二五三頁	42.7.15 奉旨准貤贈
42.7.11	湖廣提督	竇璸 ④		同具奏人	伯父 伯母	竇克峻 葛氏	42.5.2	乾隆宮中檔三九輯三五一頁	42.8.8 奉旨准其貤贈
42.7.29	廣東左翼總兵官	鄭天濬 ⑤		同具奏人	曾祖父 曾祖母 繼曾祖母	鄭陞 張氏 李氏	42.5.2	乾隆宮中檔三九輯五三七頁	
	河南南陽鎮	傅宗孔			本生父	傅華		乾隆宮中	

42.8.12	總兵	⑥		同具奏人	本生母	鍾氏	42.5.2	檔三九輯六七六頁	
42.8.26.	廣西巡撫	吳虎炳 ⑦	廣西布政使	朱椿	曾祖父 曾祖母	朱竦 諸氏	42.5.2	乾隆宮中檔三九輯八二六頁	
42.9.7	江西南贛鎮總兵官	吳掄元 ⑧		同具奏人	曾祖父 曾祖母	吳髦 宋氏	42.5.2	乾隆宮中檔四〇輯三六頁	
42.9.8	廣西巡撫	吳虎炳 ⑨		同具奏人	曾祖父 曾祖母	吳璜 張氏	42.5.2	乾隆宮中檔四〇輯四五頁	
42.9.10	提督福建陸路總兵官	李國梁 ⑩		同具奏人	本生曾祖父 本生曾祖母	李發忠 鄭氏	42.5.2	乾隆宮中檔四〇輯五八頁	42.12.22奏謝恩准貤贈
42.9.17	貴州古州鎮總兵官	烏大經 ⑪		同具奏人	伯父 嫡伯母 繼伯母	烏珍 海氏 馬氏	42.5.2	乾隆宮中檔四〇輯一二八頁	
42.9.21	江寧布政使	陶易 ⑫		同具奏人	本生父 本生母		42.5.2	乾隆宮中檔四〇輯一八四頁	奏謝准予貤贈
42.9.26	暫署漕運總督	德保	督標中軍副將 督標右營游擊	任承恩⑬ 乾和⑭	曾祖父 曾祖母 庶祖母	任廣才 朱氏 賈氏	42.5.2	乾隆宮中檔四〇輯二三〇頁	

42.9.29	四川總督	文綬	湖北布政使 營山縣知縣	李世傑⑮ 楊禮行⑯	曾祖父 曾祖母 庶母 庶母	耿氏 朱氏	42.5.2	乾隆宮中檔四〇輯二五八頁	
42.10.19	兩廣總督	楊景素⑰		同具奏人	本生父 本生前母 本生親母	楊鑄 許氏 詹氏	42.5.2	乾隆宮中檔四〇輯四五三頁	43.1.15 奏謝奉旨准予貤贈
42.10.20	雲貴總督 雲南巡撫	李侍堯 裴宗錫	雲南布政使	孫士毅⑱	曾祖父 曾祖母	孫鼎渠 姜氏	42.5.2	乾隆宮中檔四〇輯四六七頁	
42.10.22	湖南巡撫	顏希深	湖南岳常澧道	王德⑲	外祖父 外祖母	頌嘉保 詹彥氏	42.5.2	乾隆宮中檔四〇輯五一四頁	
42.11.2	福建臺灣總兵官	董果⑳		同具奏人	曾祖父 曾祖母	董純嘏 王氏	42.5.2	乾隆宮中檔四〇輯六四二頁	
42.11.10	安徽巡撫	閔鶚元	原任詹事府詹事丁憂在籍	曹文埴㉑	曾祖父 曾祖母	曹士璉 程氏	42.5.2	乾隆宮中檔四〇輯七四三頁	
42.11.10	安徽巡撫	閔鶚元	安徽道	劉墫㉒	叔父 嬸母	劉緒煊 丁氏	42.5.2	乾隆宮中檔四〇輯七四四頁	

42.11.10	廣東提督帶革職留任	章紳㉓		同具奏人	胞兄 嫂	章素 邵氏	42.5.2	乾隆宮中檔四〇輯七六二頁	43.2.16奏謝准貤封
42.11.15	山西巡撫兼提督	覺羅巴延三㉔		同具奏人	曾祖父 曾祖母		42.5.2	乾隆宮中檔四一輯〇〇四頁	以提督銜奏請加封42.11.25奉「自然」硃批
42.11.25	署理工部左侍郎加三級	彭元瑞㉕		同具奏人	本生父 本生嫡母 繼母 生母	彭廷訓 熊氏 顏氏 繆氏	42.5.2	乾隆宮中檔四一輯一七七頁	42.12.14奉旨准其貤贈
43.1.18	署理兩江總督江南總督	薩載	太湖營副將	洪元㉖	曾祖父母		42.5.2	乾隆宮中檔四一輯七〇八頁	
			金山營參將	白雲上㉗	曾祖父母				
			督標左營游擊	楊大爲㉘	曾祖父母				
			壽春鎮標中營游擊	熊曦㉙	曾祖父母				
			蘇松鎮標奇營游擊	趙天生㉚	曾祖父母				
			劉河營游擊	張樹穀㉛	本生父母				
			蘇松鎮標左營游擊	童天柱㉜	兄嫂				
			浙江紹興協副將	弓斯發㉝	兄嫂				
			提標中軍參將	趙邦詔㉞	兄嫂				
			乍浦營參將	徐國貴㉟	伯父母				

43.1.22	閩浙總督	鍾　音	標右營參將	白　璉㊱	曾祖父母		42.5.2	乾隆宮中檔四一輯七七三頁
			福建漳州鎮標中營游擊	福蘭泰㊲	曾祖父母			
			浙江溫州鎮標中營游擊	黃　楷㊳	曾祖父母			
			左營游擊	顧大鵬㊴	曾祖父母			
			右營游擊	柴建業㊵	曾祖父母			
			處州鎮標左營游擊	張治安㊶	曾祖父母			
43.2.3	大學士仍管雲貴總督昭信伯	李侍堯	雲南龍陵協副將	羅江鱗㊷	曾祖父母		42.5.2	乾隆宮中檔四二輯一九頁
			昭通鎮左營游擊	劉之江㊸	曾祖父母			
43.2.5	兩廣總督	楊景素	廣東撫標中軍參將	米自仁㊹	曾祖父母		42.5.2	乾隆宮中檔四二輯三九頁
			雀州營參將	陳大鉞㊺	曾祖父母			
			提標前營游擊	杜發緯㊻	曾祖父母			
			後營游擊	李觀政㊼	曾祖父母			
			左翼鎮中軍游擊	陳大揚㊽	曾祖父母			
			新塘營游擊	卓其瑞㊾	曾祖父母			
			廣西平樂協副將	郭元凱㊿	兄嫂			
43.2.20	安徽巡撫	閔鶚元	安徽按察使	秦雄飛(51)	曾祖父	秦華鍾	42.5.2	乾隆宮中檔四二輯
					曾祖母	周氏		
					繼曾祖母	龔氏		

			撫標右營游擊	焦　賢(52)	曾祖父 曾祖母	焦一士 丁　氏		一五〇頁	
43.2.20	署理兩江總督江南河道總督	薩　載	江西九江營副將	朱光斗(53)	曾祖父母		42.5.2	乾隆宮中檔四二輯一五九頁	
			南安營參將	伍大定(54)	曾祖父母				
			江南松江營游擊	呂　惠(55)	曾祖父母				
			寧都營參將	徐伯功(56)	兄	徐伯侯			
			寧國營參將	張廷彥(57)	本生父母				
43.2.27	直棣總督	周元理	直棣標中軍副將	任學周(58)	曾祖父 曾祖母	任鍾英 何　氏	42.5.2	乾隆宮中檔四二輯二一四頁	
			提標前營游擊	鞠御祥(59)	曾祖父 曾祖母	鞠大林 李　氏			
43.3.2	湖南巡撫	顏希深	湖南按察使	梁敦書(60)	外祖父 外祖母	殳錫鼎 姚　氏	42.5.2	乾隆宮中檔四二輯二五一頁	43.4.19奉旨准其貤贈
43.3.4	閩浙總督	鍾　音	福建同安營參將	倪承璐(61)	曾祖父母		42.5.2	乾隆宮中檔四二輯二七九頁	
			海壇鎮標右營游擊	洪紹蘭(62)	曾祖父母				
			臺灣水師中營游擊	林朝紳(63)	曾祖父母				
43.3.18	福建建寧鎮	郝壯猷		同具奏人	曾祖父 曾祖母	郝升吉 岳　氏	42.5.2	乾隆宮中檔四二輯	

	總兵官	㊹			繼曾祖母 繼曾祖母	程氏 王氏		四〇〇頁
43.3.25	湖廣總督	三寶	湖南洞庭協副將 永州鎮標右營游擊 湖南永綏協副將 湖廣提標左營游擊 湖北漢陽營游擊	蒲敏惠㊺ 吳尙禮㊻ 陳大用㊼ 常懷義㊽ 馬定鼐㊾	曾祖父母 曾祖父母 妻父 妻母 妻母 叔父母 兄嫂	顧弼 汪氏 李氏	42.5.2	乾隆宮中檔四二輯四五五頁
43.3.26	新授禮部尙書閩浙總督	鐘音	福建臺灣水師左營游擊 福建澎湖水師右營游擊	林光玉㊿ 柴大紀⑦①	曾祖父母 兄嫂		42.5.2	乾隆宮中檔四二輯四六七頁
43.4.3	直隸總督	周元理	天津鎮標下通州協副將 涿州營參將 拱極城游擊	富僧額⑦② 林天洛⑦③ 羅登貴⑦④	曾祖父 曾祖母 曾祖父 曾祖母 曾祖父 曾祖母	金太 李氏 林起鵾 毛氏 羅義 林氏	42.5.2	乾隆宮中檔四二輯五一九頁
43.4.4	暫署漕運總督	德保	督標城守營參將 督標鹽城營游擊	馬天麒⑦⑤ 呼天培⑦⑥	曾祖父 曾祖母 本生父 本生母	馬承虎 吳氏 呼全璜 成氏	42.5.2	乾隆宮中檔四二輯五三一頁

43.4.19	烏魯木齊提督	喬照(77)		同具奏人	伯父	喬起龍	42.5.2	乾隆宮中檔四二輯七〇二頁	43.9.5奏謝奉旨貤贈
					伯母	徐氏			
43.5.15	總兵	高琛(78)		同具奏人	父妾	趙氏	42.5.2	乾隆宮中檔四三輯一〇五頁	
43.5.18	陝甘總督	勒爾謹	靖遠協副將	周鼎	曾祖父母(79)		42.5.2	乾隆宮中檔四三輯一四四頁	
			陝西提標中營參將	葉至剛	曾祖父母(80)				
			定邊協副將	多永[illegible]	生母(81)				
			循化營游擊	顏鳴漢	胞叔父母(82)				
43.5.24	閩浙總督	楊景素	福建臺灣水師副將	劉子楨(83)	曾祖父母		42.5.2	乾隆宮中檔四三輯二〇五頁	
			臺灣北路副將	劉夢金(84)	外祖父母				
			烽火門參將	魏大斌(85)	曾祖父母				
43.6.8	閩浙總督	楊景素	福建閩安協副將	陳宗溥(86)	庶母	黃氏	42.5.2	乾隆宮中檔四三輯三八九頁	
			浙江提標右營游擊	李雲彪(87)	曾祖父母				
			定海鎮標右營游擊	周玉駒(88)	曾祖父母				
			江南常州營游擊	高蔚林	曾祖父母(89)				
			江陰營游擊	鄒承緒	曾祖父母(90)			乾隆宮中	

43.6.29	兩江總督	高晉	江西南昌鎮標前營游擊 提標中軍參將 鎮江營守備 狼鎮左營守備	張文奇 蒼保(92) 趙鵬翼(93) 許連甲(94)	曾祖父母(91) 叔父 嬸母 叔父 嬸母 胞兄 嫂	苗國琨 張晉 許連科	42.5.2	檔四三輯六〇六頁	
43.7.9	河南巡撫	鄭大進	汝郟登左哨千總 右營千總	鄧漢文(95) 楊瑄(96)	胞叔父 嬸母 胞叔 嬸母	鄧世華 司氏 楊天彪 張氏	42.5.2	乾隆宮中檔四四輯一七九頁	
43.7.9	河南巡撫	鄭大進	開封府知府 光州直隸州知州 修武縣知縣	王啓緒(97) 朱家濂(98) 吳居澳(99)	外祖父 外祖母 叔父 嬸母 伯父 伯母	李本漢 楊氏 朱掄 陳氏 吳倖武 李氏	42.5.2	乾隆宮中檔四四輯一八二頁	
43.7.10	山東巡撫	國泰	丁憂在籍原任掌浙江道監察御史加一級	吳垣(100)	外祖父 外祖母	王重戩 李氏	42.5.2	乾隆宮中檔四四輯一九四頁	
43.7.11	山西巡撫	覺羅巴延三	冀寧道 盂縣知縣	胡紹南(101) 胡予翼(102)	伯父 伯母 伯母 胞叔 嬸母	胡映葵 任氏 傅氏 胡瀟 焦氏	42.5.2	乾隆宮中檔四四輯	

			介休縣知縣 高平縣知縣	呂公滋(103) 於一方(104)	堂叔 堂嬸 胞伯父 胞伯母	呂仰曾 常氏 於臣韶 孟氏		二一九頁	
43.7.26	直隸總督	周元理	北路同知 延慶州知州 唐縣知縣 遷安縣知縣	謝清問(105) 于時兆(106) 田澍(107) 喬鍾英(108)	胞叔 叔母 叔母 姑父 姑母 胞叔 叔母 外祖父 外祖母	謝天祐 趙氏 楊氏 莊秉中 于氏 田式周 吳氏 張樹信 陸氏	42.5.2	乾隆宮中檔四四輯三六一頁	
43.7.26	湖南巡撫	李湖	衡州府知府 靖州直隸知州 清泉縣知縣 衡山縣知縣 衡州府教授 衡州府訓導 耒陽縣教諭 寶慶府邵陽縣 隆回司巡檢	黃樹棠 裴直方 李玳謦 范元颺 蔡璨 夏大觀 余作槐 陸鏊	封贈伯叔父母或庶母兄嫂另列清單本摺不詳(109)		42.5.2	乾隆宮中檔四四輯三六二頁	
43.7.26	湖南巡撫	李湖(110)		同具奏人	叔父 嬸母	李鳳誥 黃氏	42.5.2	乾隆宮中檔四四輯三六五頁	44.2.2 奉頒誥命

日期	奏報人職銜	奏報人	受封者職銜	受封者	封贈對象	封贈對象姓名	日期	出處	
43.7.29	直隸總督	周元理	宣化鎮中營游擊	縱之遠(111)	曾祖父	縱蕙	42.5.2	乾隆宮中檔四四輯三九八頁	
					曾祖母	祖氏			
			新雄營都司	王恒兆(112)	叔父	王邦達			
					叔母	左氏			
			順義營都司	張國楹(113)	伯父	張治			
					伯母	高氏			
43.9.10	閩浙總督	楊景素	浙江鎮海營參將	包定邦(114)	曾祖父母		42.5.2	乾隆宮中檔四四輯七七〇頁	
			福建水師提標後營游擊	溫靖波(115)	曾祖父母				
43.9.25	四川總督	文綬	敘馬營游擊	程萬年(116)	曾祖父	程天棠	42.5.2	乾隆宮中檔四四輯八五一頁	
			常寧營游擊	袁國璜(117)	伯父	袁蕙			
					伯母	趙氏			
			廣元縣知縣候補同知	朱鑒昌(118)	胞叔	朱再思			
					嬸母	陳氏			
			川北鎮右營千總	馬化鵬(119)	表叔	蒲達宏			
					表嬸	陳氏			
43.9.25	雲南巡撫	裴宗錫(120)		同具奏人	長伯	裴衡度	42.5.2	乾隆宮中檔四四輯八五九頁	
					伯母	范氏			
					捐封貤贈				
					次伯	裴衍度			
					伯母	王氏			
43.10.1	雲貴總督	李侍堯	古州鎮標中軍游擊	陳廷珏(121)	曾祖父母		42.5.2	乾隆宮中檔四五輯	
			左營游擊	熊必昇(122)	曾祖父母				
			臺拱營參將	賈魁武(123)	外祖父母				

			鎮遠鎮標左營游擊	賴揚直(124)	本生父母			五八頁
43.10.9	陝甘總督	勒爾謹	河州協副將	西德布(125)	曾祖父母		42.5.2	乾隆宮中檔四五輯一四四頁
			蘭州城守營參將	彭之年(126)	胞兄嫂			
			督標中營陞任都司	馮璟(127)	胞伯父母			
43.10.16	漕運總督	鄂寶	中軍守備	楊夢熊(128)	胞兄	楊天成	42.5.2	乾隆宮中檔四五輯一八四頁
					嫂	晁氏		
43.10.25	浙江巡撫	王亶望	嘉興府仁甫海防同知	高模	各員請將本身妻室封典貤封庶伯母、本生外祖父母及伯叔父母，本摺不詳。	(129)	42.5.2	乾隆宮中檔四五輯二四二頁
			南塘通判	顧元揆				
			寧波府鎮海縣知縣	周樽				
			溫州府泰順縣知縣	杜念曾				
43.11.1	雲南巡撫	裴宗錫	平彝縣知縣	陸繼夔(130)	胞叔	陸廣森	42.5.2	乾隆宮中檔四五輯三五五頁
					孀母	吳氏		
			雲南縣知縣	朱錦昌(131)	胞叔	朱再思		
					孀母	陳氏		
			東川府教授	王敬天(132)	胞叔	王偉		
					孀母	殷氏		
			委管瀘州銅店本司經歷	朱再揚(133)	胞兄	朱鷹揚		
			元江直隸州知州	宋惠綏(134)	嫂	鄧氏		
					妻之生母	張氏		

44.2.21	直隸總督	周元理	順德營游擊	劉君輔 (135)	曾祖父 曾祖母	劉起元 王氏	42.5.2	乾隆宮中檔四六輯八一三頁	
44.2.22	貴州巡撫	覺羅圖思德	貴筑縣知縣	毛宣徽 (136)	胞兄 嫂	毛宣桓 孟氏	42.5.2	乾隆宮中檔四六輯八二五頁	
44.3.6	兩廣總督	桂林	廣西右江鎮標右營游擊	晉樹德 (137)	伯父母		42.5.2	乾隆宮中檔四七輯七四頁	
44.3.9	廣西巡撫	吳虎炳	思恩府經歷	方勳 (138)	胞叔父 叔母	方世熹 徐氏	42.5.2	乾隆宮中檔四七輯九八頁	
			田州土州同	王右銘 (139)	胞兄 嫂	王會銘 何氏			
44.3.13	廣東巡撫	李質穎	肇慶府知府	覺羅安福 (140)	堂兄嫂	壽杜 瓜爾佳氏	42.5.2	乾隆宮中檔四七輯一三五頁	
44.3.18	陝西巡撫	畢沅	西安府水利通判	宋琦 (141)	胞兄 嫂	宋汝瑚 顧氏	42.5.2	乾隆宮中檔四七輯一九二頁	
			咸陽縣知縣	郝敬修 (142)	胞兄 嫂	郝光祚 李氏			
			興平縣儒學教諭	衛文煒 (143)	胞兄 嫂	衛企武 高氏			
			府谷縣知縣	鄭居中 (144)	妻父 妻母	朱慶韋 汪氏			

44.3.18	護理湖南巡撫印務布政使	陳用敷	龍山縣知縣	荊道乾⑭⑤	胞兄	荊應乾	42.5.2	乾隆宮中檔四七輯一九八頁
					嫂原配	王氏		
			衡州府經歷	張應桐⑭⑥	嫂繼配	張氏		
					伯父	張漢五		
44.3.22	河南巡撫	陳輝祖	通許縣知縣	魏羽中⑭⑦	胞叔	魏廷龍	42.5.2	乾隆宮中檔四七輯二三五頁
					嬸母	賈氏		
					繼嬸母	賈氏		
					再繼嬸母	傅氏		
			汲縣知縣	姚肇修⑭⑧	胞伯	姚興法		
					伯母	張氏		
			新鄉縣知縣	薛祥⑭⑨	胞叔	薛君楷		
					嬸母	韋氏		
44.3.23	陝甘總督	勒爾謹	莊浪營參將	巴燕⑮⓪	曾祖父母		42.5.2	乾隆宮中檔四七輯二四三頁
			戍格營游擊	王永茂⑮①	曾祖父母			
44.3.26	浙江巡撫	王亶望	布政使經歷	王學静	自願將本身妻室應得封典貤封叔嬸及外祖父母、妻之父母等未予分別詳列	⑮②	42.5.2	乾隆宮中檔四七輯二六二頁
			湖州府長興縣知縣	耿學模				
			衢州府開化縣知縣	南廷瑛				
			紹興府諸暨縣儒學教諭	朱瑞				
			溫州衛前幫千總	蔣良慈				

44.3.26	江蘇巡撫	楊魁	常鎮通道	袁鑒(153)	外祖父 外祖母	徐澎 陸氏 方氏 余氏	42.5.2	乾隆宮中檔四七輯二八三頁	
44.4.7	兩江總督	薩載	川沙營守備	沈鵬(154)	胞兄 嫂	沈鳳	42.5.2	乾隆宮中檔四七輯三九六頁	
44.4.16	署理湖廣總督印務湖北巡撫	鄭大進	沅州協後哨千總	鄭朝柱(155)	叔父 叔母	鄭懷 郭氏	42.5.2	乾隆宮中檔四七輯四八一頁	
46.8.15	署雲南巡撫	劉秉恬(156)		同具奏人	胞叔 叔母 叔母	劉繩祁 王氏 石氏	45.1.1	乾隆宮中檔四八輯四七一頁	46.9.21奉旨准其貤贈
46.11.10	江蘇巡撫	閔鶚元	吳江縣知縣	何世珩	曾祖父母(157)		45.1.1	乾隆宮中檔四九輯五五二頁	
			吳縣知縣	陳烈	胞兄嫂(158)				
			吳縣教諭	陸鴻綉	胞伯父母(159)				
			吳縣訓導	朱涵	胞叔父母(160)				
			江浦縣教諭	潘木興	祖父母(161)				
			原任沛縣丁憂教諭	馮霖	祖父母(162)				
			常州府訓導	王永年	祖父母(163)				
			寶山縣縣丞	陳率祖	祖父母(164)				
			江寧司巡檢	彭宸	祖父母(165)				
			長洲縣知縣	吳塔	祖父母(166)				
			長洲司巡檢	陳鋐	祖父母(167)				

46.11.15	湖南巡撫	劉墉	辰州知府	單煃	庶母⑯⑧		45.1.1	乾隆宮中檔四九輯六三八頁	
			華容縣調任知縣	馬見龍	各員情願貤封外祖父母、伯叔父母及兄嫂未予詳列⑯⑨				
			湘陰縣丞	李逢昇					
			靖州學正	蔡衍					
			通道縣訓導	劉若璪					
46.12.7	署理陝西巡撫	畢沅	臨潼縣知縣	蔣勳	各員俱願將本身妻室應得封典或貤贈曾祖父母、祖父母及外祖父母胞叔父母或貤封庶母庶伯母及胞兄嫂，本摺未分別詳列。	⑰⓪	45.1.1	乾隆宮中檔五〇輯一三三頁	
			候補知州前任源縣知縣	王杏舒					
			蒲城縣知縣	張心鏡					
			三水縣知縣	郭履恒					
			長安縣縣丞	顧嘉綸					
			寧羌州州同	張廷杰					
			鄜州學正	劉篤					
			郿縣教諭	羅暲					
			耀州訓導	張璽榮					
			寶雞縣訓導	史紹狐					
			富平縣訓導	史傳					
51.6.8	兩江總督	李世傑	福山營守備	錢邦慶	兄嫂⑰①		50.1.1	乾隆宮中檔六〇輯六七〇頁	
			寧國營把總	劉中行	兄嫂⑰②				

①②③…⑰②代表事例別

附錄二　清代乾隆朝奏請貤封（贈）封典對象事例分析表（四十二年五月至五十一年六月）

對象別	事例代表號	小計	佔比例
祖父母	一六一，一六二，一六三，一六四，一六五，一六六，一六七	七	四・一九
外祖父母	一，一九，六〇，八四，九七，一〇〇，一〇八，一二三，一五三	九	五・三八
曾祖父母（含本生曾祖父母）	二，五，七，八，九，十，一三，一五，一八，二〇，二一，二四，二六，二七，二八，二九，三〇，三六，三七，三八，三九，四〇，四一，四二，四三，四四，四五，四六，四七，四八，四九，五一，五二，五三，五四，五五，五八，五九，六一，六二，六三，六四，六五，六六，七〇，七二，七三，七四，七五，七九，八〇，八三，八五，八七，八八，八九，九〇，九一，一一一，一一四，一一五，一一六，一二一，一二二，一二五，一三五，一五〇，一五一，一五七	六九	四一・三一
本生父母	三，六，一二，一七，二五，三一，五七，七六，八一，一二四	一〇	五・九八
伯父母	四，一一，三五，七七，九九，一〇一，一〇四，一一三，一一七，一二〇，一二七，一三七，一四六，一四八，一五九	一五	八・九八
叔父母	二二，六八，八二，九二，九三，九五，九六，九八，一〇二，一〇五，一〇七，一一〇，一一二，一一八，一三〇，一三一，一三二，一三八，一四七，一四九，一五五，一五六，一六〇	二三	一三・七七

父之妾	七八	一	〇・五九
庶母	一六，八六，一六八	三	一・七九
庶祖母	一四	一	〇・五九
兄嫂	二三，三二，三三，三四，五〇，五六，六九，七一，九四，一二六，一二八，一三三，一三六，一三九，一四一，一四二，一四三，一四五，一五四，一五八，一七一，一七二	二二	一三・一七
妻父母	六七，一三四，一四四	三	一・七九
姑父母	一〇六	一	〇・五九
表叔嬸	一一九	一	〇・五九
堂兄嫂	一四〇	一	〇・五九
堂叔嬸	一〇三	一	〇・五九
小計		一六七	一〇〇
貤封對象未詳細縷列	一〇九，一二九，一五二，一六九，一七〇	五	

一、二、三……代表事例別

清高宗統治政策由寬轉嚴的探討

一、前　言

清朝自清世祖順治皇帝入關取代明朝，到宣統溥儀退位，歷經十個皇帝二百六十八年，其中以清高宗乾隆皇帝在位六十年並任太上皇三年，操縱政權時間最久。在前後六十三年裏（西元一七三六—一七九八），爲了因應政治上實際的需要，他的統治政策常有轉變。初期的政治活動採取從寬的政策，中期以後卻有轉嚴的變化。雖然他本人仍然不承認改變，但實際政治活動確有較嚴的傾向。根據乾隆朝文獻檔案加以探討，這樣的轉變確有它的時代性及必須性，並影響到乾隆晚期高壓政策的實施。

清高宗愛新覺羅弘曆，生于康熙五十年（西元一七一一）八月十三日，他是清世宗胤禛的第四子，是清朝入關後第四代皇帝。清代經順治、康熙、雍正三朝近百年的經營，統治局面比較穩定，從表面上弘曆接收的是太平江山，但實際上卻有問題存在。雖然康熙一朝在政治上鞏固了多民族統一的國家，經濟上逐漸走上繁榮的道路。由於聖祖玄燁到了晚年面臨諸皇子爭奪儲位的局面，爲之心力交瘁，因此對於大臣官員每多包容，而不察察于細故，遂致吏治敗壞，而貪污風盛。清世宗胤禛是個雄才大略的皇帝，勤于政務，故力持務期振數百年之頹風，在位期間御下甚嚴，大力清除康熙末年吏治廢弛的種種積弊，對於賂賄請託及因循苟且的惡習特加嚴懲，可是他爲人猜忌多疑，刻薄寡恩，也因此產生一些消極而不奮進的風氣。這些都是清高宗即位時所需面臨的問題。

清高宗即位，國力鼎盛，由於經濟繁榮，國庫充裕，社會安定，戶口大增。由於他勤于理事，始終不懈，獨攬大權，能謀有斷。每遇戰事、河工、賑災、祀典等重要政務，必忙碌萬分、全力貫注、孜孜不倦。如在平定準噶爾戰役時，趙翼在「簷曝雜記」中有這樣的記載：

每軍書旁午，應機指示，必揭要領。或數百言，或數十言，軍機大臣承旨出授司員，屬草率至脫腕。或軍報到以夜分，則預飭內監，雖寢必奏。迨軍機大臣得信入直廬，上已披衣覽畢，召聆久矣。撰擬繕寫，動至一二十刻，上猶秉燭待閱，不稍假寐。（註一）

這樣勤奮治國，非但邊疆的統一得以鞏固，中國的版圖于此奠定，可算是清朝的鼎盛時期。乾隆皇帝能夠創造清朝的盛世，其統治政策值得加以研究。清高宗即位時，吸取了康熙、雍正兩朝的統治經驗，遂標榜推行的政治準則是「執兩用中」。他認爲從政之道在損益隨時寬猛互濟。並分析當時形勢以爲可以施行惇大之政。用諸事從寬可以矯正雍正一朝過嚴之偏，才能符合一張一弛的文武之道。他在位前期，不斷闡述這個觀點，並採取許多寬大措施，使清世宗在位時繃得很緊的弦子稍稍鬆弛下來。

二、寬政思想的由來

乾隆皇帝的老師很多，但眞正授業的教師只有三位，即福敏、蔡世遠、朱軾。其中尤以朱軾影響最爲深遠。朱軾是著名理學家，研究禮記最爲著名，本身精明能幹，勤於治學雖政務繁忙，仍不廢學問，生活則檢樸。他所講的是儒家修齊治平之學，仁民愛物之德。自雍正元年由世宗聘入上書房擔任弘曆等皇子的師傅。雍正十三年七月，朱軾議奏修築浙江海塘，自請往督其事。獲世宗兪允，遂特敕督撫及管理塘工諸大臣咸聽節制。八月二十三日子刻，世宗雍正皇帝逝世，同日弘曆即頒諭命朱軾回京協同總理事務王大臣辦事，由於弘曆長期住在宮中，也未自建藩府，了解的官員極少，他想到的可靠而又能幹的人，就只有他的老師朱軾了。弘曆於九月初三日即皇帝位。可惜朱軾於次年（即乾隆元年）九月即病死。在短短一年時間內朱軾和乾隆皇帝關係特別密切。在袁枚撰的朱軾神道碑中有適切的記述：

> 公以舊學重臣，日趨內廷，辰入酉退，屢陳便宜。……公奉世宗詔，侍皇上青宮最久。皇上登極未一載，仁言聖政重累而下，九州八陔，靡不異音同嘆，慶堯舜復生。然則公啓沃之功可以想見。而公之風概，又豈可求諸唐虞下哉。（註二）

蔡世遠則是一位崇拜宋儒的純正理學家，福敏也服膺程朱理學，爲人方正鯁直，寬容有寬。總之乾隆皇帝的三位老師都是理學家，提供了他推行仁民愛物之寬政思想的源泉。

乾隆皇帝於雍正八年撰成「樂善堂全集」之「寬則得衆論」一文中，對寬大政治大加讚揚：

誠能寬以待物，包荒納垢，宥人細故，成己大德，則人亦感其恩而心悅誠服矣；苛爲不然，以褊急爲念、以刻薄爲務，則雖勤于爲治，始皇之程石觀書，隋文之躬親吏職，亦何益哉！（註三）

在此段文中，乾隆皇帝指責「褊急」「刻薄」的秦始皇隋文帝，雖「程石觀書」或「躬親吏職」，不可獲人心而無實效。其實這樣的批評不是正對著他的父親清世宗說的嗎？可見乾隆皇帝對雍正皇帝苛嚴政治早有意見，而且早有實行寬政的意圖。

三、寬政的諭旨頒佈

乾隆皇帝在即位前於雍正十三年八月丙申（三十日）下諭指示群臣：

自古人君爲治，莫要於周知庶務通達下情，虞帝明目達聰執兩用中，所以博聞廣見，得時措之宜也。（註四）

要諸大臣當各矢公心，摒棄私意，都照從前之例，具摺奏事廣爲諮諏，以補皇帝個人見聞之所不及。隨後常常訓諭大臣：「治道貴得乎中，矯枉不可過正。」又云「寬非縱弛之謂，嚴非刻薄之謂。」他認爲「從來爲政之道，損益隨時，寬猛互濟。」而「損益隨時」是指不拘泥于成法，應當根據具體情況製定政策。所謂「寬猛互濟」是指恩威並施有剛有柔。他分析當時形勢以爲可以施行惇大之政。因此諸事從寬，以矯正雍正一朝過嚴之偏，才能符合一張一弛文武之道。

治天下之道貴得其中，故寬則糾之猛，猛則濟之以寬，而記稱一張一弛爲文武之道。凡以求協乎中，非可以矯枉過正也。（註五）

將寬政的要旨詳加指示：

惟思剛柔相濟，不競不絿以臻平康正直之治。夫整飭之與嚴厲，寬大之與廢弛，相似而實不同。朕之所謂寬者；如兵丁之宜存恤，百姓之宜惠保，而非謂罪惡之可以悉赦，刑罪之可以姑縱與庶政之可以怠荒而弗理也。（註六）

進而警告大臣們，行政但不可以爲主於寬而相習日久，甚至諸事務廢弛，以至於達到非嚴不可的地步：

朕主於寬，而諸王大臣嚴明振作以輔朕之寬。夫然後政和事理，俾朕可以常用其寬而收寬之效，此則諸臣贊助之功也；倘不能如是恐相習日久，必至人心玩愒，事務廢弛，激朕有不得不嚴之勢，此不惟臣工之不幸，抑亦天下之不幸，更即朕之不幸矣。（註七）

乾隆皇帝爲了防止各部院衙門書吏，舞文作弊，呼朋引類遇事生風，影射撞騙，靡所不爲的積弊，特別降諭旨嚴禁之：

朕御極以來，仰遵皇考遺詔，每事務從寬厚。凡八旗直省以至窮邊極壤，無不殫慮精思，周詳體卹，冀臻惇大成裕之治；然寬厚二字非可一概視也。厚民生紓民力，加惠於兵丁，施恩於百姓，乃爲寬厚。朕所以仰承先志而日夜孳孳者此耳。若夫姑息以養奸，優柔以縱惡，聽若輩（指各部院書吏）貽民害而蠹國事，以待善良者待奸蠹，則適所以成其慘刻殘忍，而爲不寬厚之尤者也。朕深恐此輩不知朕所以用寬厚之意，而故智復萌以身試法，用是特爲申諭。（註八）

並命都察院五城坊官順天府，大宛二縣及九門提督，各文武衙門不時加以嚴查訪緝。

乾隆元年二月，乾隆皇帝發現八旗辦事，諸臣條奏事件尙有未合大公至正者，遂於二月初九日下旨申斥，重申以義理權衡而得其中，並希望諸臣深自省察交相勸勉屏絕揣摩迎合之私心。

……迎見八旂辦事情形及諸臣條奏事件，尙有未合大公至正者；如八旗事務頭緒繁多，章程不一，朕是以略加斟酌去其煩冗，俾從簡易；而都統副都統等竟于會議之時多不到班，更有乾清門奏事亦不到者。且有交辦事件遲至一年半年而後議奏者。有朕面詢所奏之事情即而茫然不能應對者。如此則日漸廢弛鮮能振作，豈朕料理旗務之本意乎。……近親諸臣奉行漸有錯會朕意而趨于怠弛朕滋懼焉。天下之事有一利必有一害，凡人之情有所矯必有所偏，是以中道最難。先儒謂子莫所執，乃楊墨之中非義理之中也，必如古聖帝明王隨時隨事以義理爲權衡，而得其中乃可以類萬物之情成天下之務。故寬非縱弛之謂；嚴非刻薄之謂。朕惡刻薄之有害于民生，亦惡縱弛之有妨于國，爾諸臣尙其深自省察交相勸勉，屏絕揣摩迎合之私心，庶幾無曠厥職而實有補于政教，戒之愼之，欽此。（註九）

一個月之後，乾隆皇帝發現很多無識諸臣，誤認一切寬容既不事稽察，從而民間以訛傳訛，說諸禁已開。風聞各直省有盜賊、賭博、打架、娼妓等四惡的現象微露，如同天津一帶私鹽橫行無忌，惟恐其他相似的罪行傳播開來。因此在乾隆元年三月初八日下諭：

……是守土之官敢悖世宗憲皇帝之明旨，墮十有三年之成功而戕賊善良，傷敗風俗也。自後州縣官有政令廢弛使四惡復行於境內者，該督撫不時訪察即行嚴叅。督撫司道郡守有不能董率州縣殫心捕治者，或被內外臣工核實列奏，或朕訪聞得知必以溺職治罪，與通包苴受賄賂等決不輕貸。爾諸臣愼毋泄泄沓沓，自取殃咎戒之戒之！特諭。（註一〇）

乾隆皇帝推行寬政以來，督撫大臣屢屢具奏請寬事件，諸臣以爲凡事宜從寬，庶皇上見許也。全不顧及吏治民生有益與否，並且以皇帝的意思爲奏摺辦事的張本。因此於乾隆元年三月三十日，乾隆皇帝下旨說明寬嚴必須就事論事，萬不可一昧從寬而群相怠玩百弊叢生：

夫目前奏摺諸臣，一則曰請寬某件云云，再則請寬某件云云；不知今之請寬者，即向日之一則曰請嚴某件云云，再則請嚴某件云云者也。夫不論其與吏治民生有益與否，而但覘上之意以爲奏摺辦事之張本，是豈公爾忘私，古大臣之謂乎。……朕意當今之政，莫若謹守皇考十三年以來之整理，而向日一二奉行不善過於苛細者，漸次緩改則吏治而民安。毋庸我君臣汲汲皇皇，今日曰寬此，明日曰寬彼，以至群群相怠玩，百弊叢生，必至激朕又有不得不用其嚴之時，則非天下臣民之福也。即朕此諭亦非自悔其寬而有意用意之漸。惟訓勉汝督撫大臣，奉公盡職察吏安民，則朕可常用其寬。（註一一）

乾隆元年三月間，原任江西巡撫常安回京，船過仲家淺閘口。當不應放閘之時，常安嚇令開閘，而僕從多人，閘官畏其威勢，躲避不敢過問。常安遽行越漕起板，將船放行。如此横行，跋扈之舉，遂使乾隆皇帝深感有不容尙寛大之勢。且自乾隆皇帝於元年二月間頒旨將鹽禁稍寛，卻使直隸江浙閩廣諸省私梟鹽棍，招集無籍之徒，肆行無忌。導至乾隆皇帝於乾隆元年五月廿七日下旨，說明處理常安等玩法營私情弊不少假借，以求當寛則寛，當嚴則嚴，且不可妄行揣度，以爲欲轉寛爲嚴了。要求文武百官深加省察，使百姓永享其寛惠的恩典：

……朕御極以來，見從前內外臣工不能仰體皇考聖意，諸凡奉行不善遂有流於刻嚴之處，是以去其煩苛與民休息，並非寛縱廢弛聽諸弊之叢生，而置之於不問也。而內外臣民不喻朕意，遂謂法令既寛可以任意疎縱，將數年前不敢行爲之事漸次干犯；即如鹽禁稍寛，乃朕優恤窮民之意，而直隸江浙閩廣諸省私梟鹽棍，輒敢招集無籍之徒肆行無忌，現在查拏究處。然此不過編户小民不能深悉朝廷德意，一時觸法犯禁，猶可云愚昧無知。至於常安乃封疆大吏，豈不知憲典之當遵，而亦爲此市井跋扈之舉乎。朕看此等情形天下臣民竟有不容朕崇尙寛大之勢。傳曰寛則得衆，易曰元者善之長也。朕以天地好生之心爲心，豈肯因一二無知之輩即自改其初志。但治貴得中，若於玩法之徒亦用其寛，則所謂稂莠不除將害嘉禾，倘不速爲整理恐將來流弊無所底止，是以近日處分臣工數案。……如李紱、勵宗萬之事即營私作弊之漸，常安之事即目無功令之漸，懲一儆百爲治之道固當如是，朕豈忽變而爲嚴刻者哉。大凡人臣居心惟當以義理爲權術，而不可稍存仰合之見。……總之，治貴得中，事求當理，不當寬而寬，朕必治以廢弛之罪；不當嚴而嚴，朕必治以深刻之罪。內而九卿百職，外而督撫庶司，咸當洗心滌慮，各加警省，毋蹈前轍自干咎戾，則朕之百姓，可以永久受朕寬惠之澤矣。（註一二）

乾隆元年六月，兵部侍郎留任四川巡撫王士俊密奏具陳時政。共有四條，內容如后：

第一條云近日條陳，惟在翻駁前案。甚有對衆揚言，只須將世宗時事翻案即係好條陳，傳之天下甚駭聽聞。第二條大學士不宜兼部。第三條各部治事，私揣某省督撫正在褒嘉，其事宜准。某省督撫方被詰責，其事宜駁。不論事理當否，專以逢合爲心。第四條廷臣保舉率多徇情，甚至藉以索賄。（註十三）

王士俊的密摺一上，乾隆皇帝大怒。尤其批評時政一項，指大臣奏章只要翻案就是好條陳，忤逆其父清世宗皇帝更爲髮指。當即發予王大臣公閱，御史舒赫德立劾王士俊喪心病狂，妄發悖論，請予明正其罪。七月廿九日乾隆皇帝於養心殿召集王大臣九卿，頒諭駁斥王士俊言論之非，對翻案條陳之說詳加剖析辯正：

……夫指群臣爲翻案，是即謂朕爲翻案矣，此大悖天理之言也。從來爲政之道，損益隨時寬猛互濟。記曰「張而不弛，文武勿能；弛而不張，文武勿爲。」一張一弛文武之道。……我皇考即位之初，承聖祖仁皇帝深仁厚澤，垂六十餘年之久，休養生息物熾而豐，厥後遂有法網漸弛，風俗漸玩之勢。皇考加意振飭，使綱紀整肅弊革風情。凡此因勢利導之方正，所以成繼志述事之善也，又豈得謂翻聖祖之案乎。皇考初政駿厲，至雍正九年十年以來，人心已知法度，吏治已漸澄清，未始不敦崇寬閒相安樂易，見臣工或有奉行不善失於苛刻者，每多救其流弊寬免體恤之恩時時下逮，是即十三載之中，而劑酌盈虛，調適競絿，前後已非一轍矣。至朕纘承丕緒泣奉遺詔，諭令向後政務應從寬者悉從寬辦理。朕祇遵明訓衣德紹聞。凡用人行政競以皇考誠民育物之心爲心，以皇考執兩用中之政爲政。惟恐膠固成見，有違時措咸宜之理，弗勝負荷之重。臨御以來與廷臣敬愼斟酌，庶曰陟降庭止克綏予乎。皇祖皇考與朕之心原無絲毫間別，如果內外大小臣工俱能仰體，使政治清平民生安樂，可以垂之永久而無弊，又何必更有因時制宜之舉。無如法久自必弊生，奉行每多過當，不得不因畸重畸輕之勢而爲之維持調劑，以歸於正直蕩平之道，此至當不易之理。乃王士俊訾爲翻駁前案，是誠何言？是誠何心？至於事關皇考而妄指前猷，有意更張實朕所怵惕靡寧而不忍聞者也。（註一四）

由於王士俊膽敢批評乾隆皇帝的時政，因而被指爲悖理之言妄行陳奏，不可姑恕。經將舒赫德參奏原摺交王大臣九卿等會議具奏，其決議內容：

「奸惡暴者，國法不可暫弛，將王士俊拏解來京，交法司嚴審定擬明正其罪，以爲人臣怙惡亂政罔上行私者戒。」（註一五）經乾隆皇帝批云「從之」，「經法司照大不敬律擬斬立決，得旨改爲斬監候秋後處決。」（註一六）

乾隆二年，王士俊經釋爲民，這是王士俊不了解乾隆帝推行寬猛互濟因時制宜的政策，且膽敢批評皇帝的施政，眞是罪有應得。

乾隆皇帝推行寬政以來，發現臣工處理事物，辦理賞罰，常沒有定見並存有揣摩迎合之念，只想討好皇帝高興，全不顧事理之當否，相沿成習。乾隆皇帝唯恐臣工不知改易，因此常常下旨訓戒臣工，要內外諸臣摒除積習，不要預設立場，使事理不清，甚至同一人處事有先後迥異之別，寬嚴沒有標準：這都是乾隆皇帝所輕視而須臣工竣改者：

……若存揣摩迎合之念，妄希有當上意；而不顧事理當然之則，則偏陂輕重之弊不可勝數矣。數年以來，朕屢以此訓戒臣工，而無如積習已深猝難變化。即如朕於當寬之事，降一寬恤之旨，而諸臣遂以爲朕意在寬，凡所辦理所條奏之事悉趨於寬之一路矣；朕於當嚴之事，降一嚴厲之旨，而諸臣遂以爲朕意在嚴，凡所辦理所條奏之事悉趨於嚴之一路矣。且有今日之號令甫頒，而明日之摹擬旋至。一人未改面貌兩事迥異後先，人心不古何至於茲。朕本無心而臣工以私心測之。所謂差之毫厘繆以千里，豈朕之所望於諸臣者哉。……豈可徇流俗之見懷觀望之心，揣度意旨以爲容悅，而適爲朕之所輕鄙哉……。（註一七）

自清世宗雍正皇帝時，准許州縣提解火耗而優給各官作爲養廉之法，以懲貪風而紓民力，行之有年。自乾隆皇帝即位後，政崇寬大，但人心澆薄，不肖州縣誤會乾隆皇帝寬大之意，以玩縱爲寬大，漸有暗加重耗以刻剝小民。因此於乾隆三年六月初四日諭令各督撫必當確實訪查州縣，如有任意加重火耗而肥己私囊者必須嚴參：

朕聞江南州縣徵收錢糧，有加增火耗之處，可傳諭那蘇圖、許容等嚴查闔屬，如果有劣員暗地加耗立即題參治罪，以爲殃民肥己之戒。……前後屢頒諭旨至爲明切，而尚誤以玩縱爲寬大，是非誤會朕意直任私朘脂膏而肥囊橐，乃國法不可宥者矣。……該督撫等不時體察，如有不肖州縣於應收火耗外絲毫加重者即立題參嚴行治罪……（註一八）

乾隆皇帝即位後屢下諭旨，不斷闡述寬大政策，並常以嚴厲的口吻訓戒群臣，不可因崇寬而縱玩怠忽，而忽略了以事理爲權衡的標準，更不可以揣摩上意預設立場，進而忽嚴忽鬆。反而違背加惠庶民的本意。

四、寬政的實施

乾隆皇帝爲了矯正雍正朝過嚴之偏，遂有諸事從寬的措施，進而施行惇大之政。即位之初，便推行多項寬政，謹舉幾項敍述之：

1.爲解決文武官員俸祿過低，不足以維持官吏本人和其家屬的生活。乾隆皇帝將在京職官的俸銀增加一倍，外省大小官員繼續推行雍正時辦法，給予「養廉」。各部院受到「降」「革」處分的漢人司員，開復后准許通算前俸。對各旗省歷年虧空案件，一改雍正朝追賠到底的成例。其情罪有一線可以寬恕的，不但免予治罪既已沒收入官的房地產也予發還。凡貪污侵占追回銀兩的，查明本人家產確已盡絕，力不能完者，概予豁免，毋得連累親族。

2.為解決康熙末年諸皇子爭奪儲位，所遺留下來的歷史問題。乾隆皇帝對宗室、覺羅因罪革退的子孫分別賜予黃帶子、紅帶子（清制以顯祖塔克世—努兒哈赤的父親的直系子孫為宗室繫黃帶子；努兒哈赤的叔伯兄弟的旁支子孫為覺羅繫紅帶子）附載玉牒，使其恢復不同於平民的貴族身份。對受到削去王爵圈禁懲罰的允䄉（康熙皇帝的十字），允禵（康熙皇帝的十四子），乾隆皇帝恩予寬釋。以後允禵以其「家居十數年來安靜循分并未生事」為由，乾隆皇帝封為貝勒，命其照常上朝。到了乾隆四十三年乾隆皇帝諭命恢復允禩（康熙皇帝的八子，被雍正皇帝改名為阿其那）允禟（康熙皇帝的九子被雍正皇帝改名為塞思黑）的原名。同年乾隆皇帝追復多爾袞的封爵並同時恢復了豫親王多鐸，禮親王代善，鄭親王濟爾哈朗，肅親王豪格，克勤郡王岳託的原爵位並配享太廟。所有這些措施，確實緩和了原來十分尖銳的皇室內部衝突。

3.科場考試，以往規定考生入闈，穿的衣服必須「皮衣去面，毡衣去裏」，以防止在衣服裏夾帶。讀書人把好端端的皮襖面子拆去，穿著光板去應試，不但有失體統，簡直侮辱人格，且寒意難擋。乾隆皇帝命「將皮衣去面之例停止」士子莫不同聲擁載，感恩不盡。

4.關心人民疾苦，採取蠲免、賑恤、平糶等方法以解決民間災荒：

(1)蠲免：「田禾被災五分，則收成僅得其半，輸將國賦未免很難，嗣後著將被災五分之處蠲免十分之一，永著為例」。除了因災蠲免外，還在國家有重大喜慶時實行「恩蠲」。乾隆皇帝在位六十年，三次普免全國錢糧。乾隆元年三月初八日上諭云「……朕自嗣位以來，蠲免租

賦豁除賠累裁革積弊增廣赦條……。」（註一九）

(2)平糶：乾隆皇帝比較重視社倉的作用，他命令地方官動支庫帑。豐年時按照時價購糧儲存，既不使穀賤傷農，又可在歉收時減價平糶或平借，以收平抑糧價之效。有時也截留漕糧接濟受災地區賑糶之需。

乾隆三年正月初八日上諭云「從乾隆三年爲始，將減半平餘銀兩一概停其解部，即存貯本省司庫。遇有地方荒歉及裨益民生之要務，確應賑卹辦理者，即將此項奏明動用報部查核。此項既出民力輸將，仍令一絲一粟均濟百姓之緩急，朕何取焉。該省大小官員有奉行不善，使百姓不沾實惠者，朕惟於該督撫是問欽此。」（註二〇）

(3)賑恤：乾隆皇帝認爲查賑在於無遺無濫。災情勘實以後便進行賑濟，並將賑恤的對象分成極貧，次貧等級次。按定例極貧戶賑四個月，次貧戶賑三個月，又次貧戶賑兩個月。

爲了配合「寬猛互濟」的政策，當然也有些立法從嚴的措施，但無非是爲了保障寬政的成果：

1.有玷官箴的封疆大吏治以重罪：乾隆元年三月間，原任江西巡撫常安回京，座船越閘起行，強行通過，事聞弘曆命拿交刑部治罪，「論罪當枷號鞭責，命貸之，往北路軍營董糧餉。」（註廿一）。乾隆六年，御史仲永擅奏風聞步軍統領受工部鑿匠俞君弼賄銀一萬兩，訊實後賜鄂善自盡。又山西學政喀爾欽以賄賣生童縱僕營私違禁漁色，爲御史所劾，六年三月初七日命吏部右侍郎楊嗣璟往山西會鞫，得實弘曆命立即正法。

2.甄別僧道，恢復度牒之法：乾隆皇帝認爲當時出家的僧尼道士甚多，良莠不齊，而眞心出家修行者並不多見；而無賴之徒，游手聚食，甚至有獲罪逃匿者混迹其中，恐流弊日深。雍正十三年十二月辛丑（初六）諭：

……今僧之中有號爲應付者，各分房頭世守田宅，飲酒食肉並無顧忌；甚者且畜妻子。道士之火居者亦然。夫一夫不耕或受之饑，一女不織或受之寒。多一僧道即少一農民，乃若輩不惟不耕而食且食必精良，不惟不織而衣必細美，室廬器用玩好百物爭取華靡，計上農夫三人肉袒深耕尚不足以給僧道一人，不亦悖乎。（註二一）

爲此要禮部詳議僧侶道士給度牒之法。

乾隆元年四月初六日禮部遵旨詳議：

清釐僧道之法，莫善於給度牒，而給度牒之法，必盡令其恪守清淨，請令順天府，奉天府，直省督撫轉飭該地方官，於文到三月內將各戒僧、全眞道士，年貌籍貫、焚修處所、清查造冊。取具印結、申送彙齊到部，發給度牒轉飭地方官當堂給發，各僧道收執，遇有事故追出彙繳。嗣後情願出家之人，必請給度牒方准簪剃受戒，如有借名影射及私行出家者，查出治罪。至於應付僧人令地方官一體給與度牒，若不願受戒者，即行勒令還俗，其中老邁殘疾既難受戒又難還俗者，查實給與度牒看守寺廟以終天年。又如深山僻壤，不能遠出受戒，及俗家並無可歸者，亦姑給與度牒，仍另行註冊永不許招受生徒。至清徽正一道士，除龍虎山上清宮由眞人給與印照。各直省清微靈寶道士仍給部照毋庸給牒外，火居道士俱令還俗，其年老不能還俗者亦暫給部照，永不許招受生徒。又尼僧亦應照僧道之例還俗者聽其還俗；不能還俗者亦暫給度牒，永不許招受年少生徒。嗣後婦女必年逾四十方准出家，年少者嚴行禁止。」得旨「從之。」（註二三）

核實發給僧尼道士度牒，雖然嚴苛但是使有志修行者永守清規，而無賴之徒不得竄入其中，也是護持僧道的措施。

五、寬政的轉變

寬政經過一段時期的實踐，乾隆皇帝曾頗有心得地說：「治貴得中，事當求理。不當寬而寬，朕必治以廢弛之罪；不當嚴而嚴，朕又必治以深刻之罪。」「寬猛互濟」的政策探其源，是出自「左傳」：「寬以濟猛，猛以濟寬，政是以和。」這樣的政治應該完全符合中國傳統的儒家思想。由於乾隆皇帝的「寬則得衆」許多措施，對於穩定社會秩序和鞏固專制統治收到較好的效果，而他自己也博得寬仁的聲譽。弘曆當政後的十餘年間，由於他的敬事慎謀，社會經濟穩步發展，府庫充實成爲康雍乾盛世的頂峯。禮親王昭槤在「嘯亭雜錄」中寫道：

純皇帝（即乾隆帝）即位時，承憲皇嚴肅之后，皆以寬大爲政。罷開墾，停捐納，重農桑，汰僧尼之詔累下，萬民歡悅，頌聲如雷。吳中謠有「乾隆寶，增壽考，乾隆錢，萬萬年」之謂。

但是到乾隆十三年以後，由於「諸事從寬」產生了一些流弊，在官場中產生普遍鬆弛現象，如他自己所說：「見朕辦理諸事往往從寬，遂一以縱弛爲得體。」故政策措施上又逐漸嚴峻起來，而對官吏的懲治也隨之加重起來，除上述原因外，其他因素分析於後：

1. 皇子皇后相繼逝世皇后喪葬事件及金川失利重懲大臣

乾隆皇帝自乾隆十三年後，朝廷的政策方針從寬趨嚴，向著新的統治作風演變。主要是因爲他的家庭疊遭悲劇，乾隆三年十月十二日皇儲永璉去世，當時才九歲，並諡端慧皇太子。十二年除夕，他心愛的皇七子永琮出痘死亡年僅二歲。與他終身相愛的孝賢皇后富察氏，卻於十三年二月東巡，三月至德州，十一日登舟病逝。接二連三的痛失家人使他身心疲竭。且由於皇后的喪葬事件引起了大批官員一連串遭到貶責黜革。如閏七月江南河道總督周學健，湖廣總督塞楞額以皇后喪期剃髮，被逮下獄，旋皆處死。其他受到處分幾達一百多人。讓人覺得他小題大作，株連甚多，而且量刑從嚴。乾隆十二年二月大小金川騷動，三月命張廣泗爲川陝總督進剿大金川。十三年三月命訥親經略四川軍務，結果遭遇了重大挫折。清廷雖投入大量的兵力、財力，卻由於遭到金川番民的頑強抵抗，加上地形崎嶇，碉堡難攻等原因，得到勞師無功的後果。由於攻剿金川的失利，十二月乾隆皇帝親審張廣泗處斬，並命於軍前處斬訥親，其他也有大批官僚受到嚴厲的處分。十二月十一日他下旨道：

> 朕御極之初，嘗意到十三年時國家必有拂意之事，非計料所及者。自去年除夕，今年三月疊遭變故（指皇七子永琮和孝賢皇后之死），而金川用兵，遂有訥親、張廣泗兩人之案，輾轉乖謬至不可解免，實爲不大稱心。（註二四）

這些不稱心的事使得寬政也有所轉嚴。

2. 乾隆十四年秋朝審大批勾決罪犯

清代刑獄，本省督撫原則上只能決定流刑以下案件，死刑須由刑部、都察院、大理寺組成三法司最後審決。三法司例于每年八月復審地方呈送的死刑案件，稱爲「秋審」。而對於刑部判決案件及京城附近死刑案件進行復審則稱爲「朝審」。朝審須於每年霜降後進行，冬至前審畢。死刑案經過「秋審」「朝審」的案件，分成四類判決：㈠情實：情節屬實，罪名恰當。㈡緩決：案情屬實，但危害性小，留待下次秋審，朝審處理。㈢可矜：案情屬實，但有種種可以減刑的理由，免于處死。㈣留養承祀：情節確實而罪行嚴重，但父母、祖父母年老無人奉養，或獨子單傳無人承祀，可減刑免死。這四類判刑都須經上報皇帝作最後決定。因此皇帝是重大案件的最後審級，掌握者死刑的最後覆核權，所謂「威權生殺之柄，惟上執之。」皇帝認可死刑，在罪人名冊上用朱筆打勾稱爲勾決。而已勾決之犯即行處死，未勾者歸入「緩決」，明年再議。

乾隆皇帝每年九、十月在宮中懋勤殿或圓明園之洞明堂親閱招冊，研究案情，愼重勾決。乾隆初年，政局寬大，不少罪犯雖入「情實」；但皇帝網開一面，不予勾決入於「緩決」而屢年均入「緩決」稱爲「老緩」。雖長期監禁，均可免處死。乾隆十四年（西元一七四九）秋審、朝審的案件，乾隆皇帝卻一反從前的做法，不留情面大批勾決，而且將許多「老緩」囚犯亦行勾決。連乾隆初即位時審決緩決十餘次的罪犯亦不免仍歸一死。本年更在乾隆皇帝的指示下，各省上報的緩決犯，由九卿議爲情實而處死者甚衆。尤以四川、湖北、江蘇、河南、山東、山西、直隸等七省，由緩決改情實者四十三名，多屬謀殺、叛逆重案。乾隆皇帝肯定改判恰當，認爲此等凶犯斷不應擬以緩決並將原判的督撫：策楞（四川總督）、彭樹葵（湖北巡撫）、雅爾哈善（江蘇巡撫）、鄂容安（河南巡撫）、準泰（山東巡撫）、阿里袞（山西巡撫）等嚴行重飭。乾隆皇帝大批勾決刑犯有他的解釋：

蓋緣朕臨御初年，多方爲之原宥以致漏網，其實此等凶犯，論法律毫無可恕，揆情理毫無可寬；若令久系囹圄無以彰明國憲。或且別生事端，人見其應死不死，衆心無所儆惕，而該犯亦自恃不死，益無忌憚。……是以朕今年詳加裁奪，情實人犯內情罪當勾者即予勾以正其罪。

又說：

當臨御之初，因人命攸關，切切而不忍，寧失之寬。今閱歷即久灼見事理，若一味姑息縱舍，則失之懦弱，裁度因時，方得權衡不爽。非有意從嚴。（註二五）

3. 社會環境變化有不得不實行從嚴的原因：

自乾隆七八年以後，地方災荒頻仍，社會動蕩不已，搶米抗糧不斷，社會衝突尖銳。乾隆帝小心翼翼地注視著這種形勢的變化，將政策加嚴以維持秩序。乾隆十三年正月，江蘇沛縣夏鎮，蕭縣發生流民，搶劫店舖，求賑鬧事，乾隆帝指示地方官，「此等搶奪鬧賑之事，必應立時嚴拿以警刁風」（註二六）。二月福建甌寧地方老官齋會起義，似同叛逆，乾隆皇帝確實十分關心，下旨嚴加緝捕殺絕之：

……可傳諭喀爾吉善，此案務須嚴行訪緝，竭力擒捕痛絕根株，以絕後患。不但首惡不可漏網，但奸匪餘孽，有一二人存留，即如遺蝗蝻種，深爲地方之害。……嗣後遇有此等聚眾拒捕之案，官兵擒捕時除首惡要犯須嚴審根究者當存活口，其餘逆黨即多戮數人，亦使奸徒知所畏懼，不特孽由自作亦除暴安良，理當如是。且免生靈被其誘惑於前，受其荼毒於後，所誅者少所全者大也。至謂查拏奸匪，恐人心驚疑非安全之道。在尋常撫字，固自不可驚擾。若地方奸匪早除一日，不得慮其驚疑不行辦理轉成姑息之風，一併傳諭知之。（註二七）

從這段諭旨中，可知乾隆皇帝對於命盜叛逆案件增加，處理上已漸趨嚴厲了。而官場貪污之弊滋生，軍營腐敗之習嚴重，乾隆皇帝對之深切認識並加以大力整頓。乾隆朝前期二十年裏共懲處貪污巨案達七次之多：

(1)乾隆六年四月議政大臣，步兵統領鄂善因受賄處死。

(2)乾隆十三年七月浙江巡撫常安，以歲易鹽政承差有婪索狀且嘗以公使錢自私，下刑部卒於獄。

(3)乾隆十三年十一月江南河道總督周學健，以營私受贓，縱戚屬奴僕骫法，本論斬決，後賜自盡。

(4)乾隆廿一年三月山東巡撫鄂樂舜，以婪索鹽商銀八千，逮鄂樂舜至京師，賜自盡。

(5)乾隆廿二年九月湖南布政使楊灝，以湖南倉穀濟江南，當糴補，發穀值百取一二，得金三千有奇，受誅。

(6)乾隆廿二年九月雲貴總督恒文，與雲南巡撫郭一裕議製金爐上貢，恒文令屬吏市金減金值及巡察營伍縱僕婪索諸事。乾隆皇帝以其用進獻爲名私飽己囊簠簋不飭，賜自盡。

(7)乾隆廿二年十一月山東巡撫蔣洲，以貪縱虧庫帑鉅萬，並命諸屬吏納賕彌所虧，受誅。

以上七件犯贓者家產籍沒，人都被處死，足見這一時期，乾隆皇帝統治作風由寬轉嚴，大加整頓，並時常訓示諸臣，切莫侵貪：否則後悔勿及。

一犯侵貪，即入情實，且即勾決，人人共知法在必行無可幸免。身家即破，子孫莫保，則饕餮之私必能自禁。（註二八）

乾隆皇帝爲了整頓吏治，杜絕大臣祈望赦免，特別宣布乾隆十五年和十六年分別爲乾隆皇帝四十歲和皇太后六十歲慶誕，本照例停止勾決，但凡屬于侵貪之官犯不在赦內，仍予勾決處死。指望用嚴厲的措施來挽回官場的頹風。乾隆十四年後，政策轉向嚴厲固然打擊了貪官污吏們，使他們的穢行苛政不得不有所收斂，對澄清吏治及興廉懲貪起了一些積極的作用。

六、結　論

乾隆皇帝即位之初，在「寬嚴並濟」思想指導下，一切從寬的基礎上，執行「治天下之道，貴得其中，故寬則糾之以猛，猛則濟之以寬。」因此他認爲最理想的「寬嚴並濟」應該是「朕主于寬，而諸王大臣嚴明振作以輔朕之寬。」（註二九）爲了怕諸臣誤會寬政的含義，所以諭旨累頒。並積極推行寬政，確實糾正了雍正皇帝的苛嚴政治，解決了宗室內部積案，改善士子科舉考試。對一般百姓困苦生活也進行改善。提高了文武官員俸祿。對於有玷官箴的大吏治以重罪，嚴格甄別僧道恢復度牒之法，不讓無賴之徒混迹其中。使乾隆朝前期政治出現了穩定而興盛局面。但自乾隆十三年之後由於乾隆皇帝家庭的悲劇發生，金川失利、命盜叛逆案屢與，官吏廢弛，官場貪污弊案滋生、軍營腐敗嚴重……等等因素，使乾隆皇帝的政策遂由寬轉嚴，極力澄清吏治，使乾隆朝中期開創了一個「持盈保泰」的局面。即清高宗自謂「重熙累洽誠斯日，保泰持盈亦此時。」（註二九）但由於過份陶醉在盛世的夢幻中，使得政治風氣和社會關係發生了急劇的變化，社會秩序的混亂，人民群衆的反抗也大爲增加。到了乾隆朝晚期，吏治更加敗壞，加上乾隆皇帝寵幸和珅，貪污賄賂公行，雖然乾隆皇帝也企圖挽回這一江河日下的趨勢，但年老力衰也已力不從心了。縱使實行高壓政策也無能爲力，使清朝由盛而衰。總之乾隆皇帝的寬政轉變對乾隆期及整個清朝的盛衰有著極大的影響。

【附註】

註一　清趙翼撰《簷曝雜記》卷一〈聖躬勤政〉。

註二　《國朝耆獻類徵初編》卷十三袁枚撰〈朱軾神道碑〉。

註三　清高宗御製《樂善堂全集》卷一〈寬則得衆論〉。

註四　《清實錄》(九)〈高宗純皇帝實錄〉(一)卷一，頁一五五，雍正十三年丙申條。（中華書局影印出版一九八九年十一月）。

註　五　同註四卷四，頁二一六，雍正十三年十月甲戌條。

註　六　同註五。

註　七　同註五。

註　八　同註四卷五，頁二四六，雍正十三年十月庚寅條。

註　九　《乾隆朝上諭檔》第一冊四十八號，十三頁，乾隆元年二月初九日。（中國第一歷史檔案館編，檔案出版社出版。一九九一年六月）

註一〇　同註九第一冊，九十一號，頁二十七，乾隆元年三月初八日。

註一一　同註四卷一五，頁四二三，乾隆元年三月甲子條。

註一二　同註四卷一九，頁四八一，乾隆元年五月庚申條。

註一三　同註九第一冊，三〇二號，頁一〇五，乾隆元年七月廿九日。

註一四　同註四卷二三，頁五四一，乾隆元年七月辛酉條。

註一五　同註一四。

註一六　同註一四。

註一七　同註九第一冊，八五九號，頁二七三，乾隆三年五月初十日。

註一八　同註九第一冊，八八一號，頁二八〇，乾隆三年六月初四日。

註一九　同註一〇。

註二〇　同註九第一冊，七六七號，頁二四四，乾隆三年正月初八日。

註二一　《清史》，卷三三九，列傳一二五，頁四三七三。（國防研究院印行，民國六十年十二月）

註二二　同註四卷六，頁二六二，雍正十三年十一月辛丑條。

註二三　同註四卷一六，頁四三三，乾隆元年四月庚午條。

註二四　《清實錄》（十三）〈清高宗純皇帝實錄〉(五)，頁四八八，乾隆十三年十二月辛卯條。

註二五　同註二四卷三五〇，頁八二七，乾隆十四年十月戊寅條。

註二六　同註二四卷三一三，頁一三三，乾隆十三年四月丙子條。

註二七　同註二四卷三一二，頁一一三，乾隆十三年四月壬戌條。

註二八　同註二四卷三五一，頁八五二，乾隆十四年十月甲辰條。

註二九　同註五。

註三〇　清高宗御製詩文全集第八卷。

清代江南名幕汪輝祖佐治事業成功的探討

一、前言

汪輝祖字煥曾，號龍莊，生於清雍正八年（西元一七三〇），卒於嘉慶十二年，享年七十八歲。汪輝祖父伍楷，曾任河南淇縣典史。汪輝祖十一歲喪父，在繼母徐氏及生母王氏的撫養及教導下，努力讀書，才識開敏。十七歲時補縣學生員，惟多次參加鄉試不售，因家貧迫於家庭生計，遂練習吏事。二十三歲（乾隆十七年）隨外舅王坦人習幕，四年後（乾隆二十年）才正式入幕，從此入州縣爲人佐治。但汪輝祖並不以此爲滿足，常以餘暇讀書，他說：「然余頗不欲以幕爲業，掌書記外，讀書如故。」（註一）三十九歲鄉試第三名，四十六歲（乾隆四十年）中進士。直至乾隆五十年，當時汪輝祖已五十六歲，才入京選官。五十一年八月籤掣湖南永州府寧遠縣知縣，二月初一日挈眷屬曉發，三月廿五日抵寧遠界任知縣職。總計汪輝祖任佐治幕友長達三十四年之久。汪輝祖自乾隆十七年春至乾隆五十年秋，除了頭二年佐治主人爲其外舅王坦人不在賓主之數，餘所佐治的州縣官達十六人，其中無錫、慈谿二處佐治只是偶託，實則十四人而已。由於他後來專治刑名佐吏，在司法審判中，除了熟悉律例成案，且能融會貫通，還經常以儒家經典及歷史上的著名案例來判斷疑案，破了不少奇案、疑案，名聲大噪，被譽爲江南第一名幕。在他刑名佐治的二十六年中，入於死罪者僅六人而已。（註二）足見他佐治刑名時，非但謹愼而且富仁心，儘量爲民求生，是個很成功的佐治幕友，因此深受人民愛戴。也由於他奮學努力，乾隆五十二年終究由幕友爬到主官—任湖南寧遠知縣，後署道州知州。可是汪輝祖卻頻受排擠打擊，終因案於乾隆五十七年奉旨革職。汪輝祖雖任主官不長，但佐治刑名成功，在他回籍後，著書立說，將他親身佐治經驗，撰寫成《佐治藥言》《續佐治藥言》二書以告戒後輩佐治幕友。結果受到廣泛重視，成爲幕學基本指導，後世佐治者必讀之書。一般論主官治術者衆而述幕友佐治者稀，本人試就汪輝祖佐治成功的原因探討於後，以就教於專家學者。

二、汪輝祖佐治成功原因

(一)汪輝祖個人的修養及作為

1.家世清寒，事母至孝

汪輝祖十一歲喪父成爲孤兒，由繼母徐氏及生母王氏撫養長大，一門孤寡清寒。初隨外舅父習幕，雖召繼母生母反對，經汪輝祖苦苦哀求終獲首肯。汪輝祖人雖在外就幕，必時時修書問候母親起居，所得銀兩必全數寄回以奉養雙母。新舊佐治主官之間，得暇必回籍探望母親們，足見其事母至孝。阮元所撰汪輝祖傳中云：

……然孝子也廉士也，嗚呼良吏之所以舉於孝廉者，觀於汪君其效不益可覩哉！（註三）

由於汪輝祖稟性忠厚事親至孝，故而處事謹慎，盡心盡力，成爲他佐治成功的主因。

2.熟讀律例，能融會貫通

汪輝祖熟讀律例，並能融會貫通，經常以儒家經典及歷史上的著名案例來判斷疑案，破了不少奇案、疑案，名聲鵲起，被譽爲江南名幕。他在《佐治藥言》中云：

幕友佐官爲治，實與主人有議論參互之任。遇疑難大事，有必須引經以斷者，非讀書不可。（註四）

3.佐治主官盡心盡力盡言，並持虛心爲尙立品爲重態度

汪輝祖佐治幕遊三十四年，實際主官共十四人，賓主相處融洽，從無半途割席之事。他佐治的主人計有⑴常州知州胡文伯、⑵長洲知縣鄭毓賢、⑶秀水知縣孫景溪、⑷平湖知縣劉國烜、⑸仁和知縣李學李、⑹烏程知縣蔣志鐸、⑺烏程知縣戰效曾、⑻錢塘知縣芮泰元、⑼署錢塘知縣胡嘉栗、⑽寧紹台兵備道孫含中、⑾海寧知縣劉雁題、⑿署烏程縣知縣興德、⒀烏程知縣徐朝亮、⒁龍游知縣王士昕。他在《佐治藥言》自序中云：

苦心未必天終負，辣手須防人不堪。所主者凡十四人，性情才略不必盡同，無不磊落光明。推誠相與，始終契合，可以行吾素志。（註五）

可見他佐治期間，一本自尊自重，光明磊落胸襟。本身盡心盡言方面，他在《佐治藥言》中更有詳盡的敘述：

盡心，視其主人之休戚漠然無所與，於其心縱無天譴，其免人謫乎？故佐治以盡心爲本。盡言，惟幕友居賓師之分，其事之委折既了然於心，復禮與相抗，可以凱切陳詞。能辨論明確，自有導源廻瀾之力，故必盡心之欲言而後爲能盡其心。（註六）

他認爲佐治主官，本身能盡心盡言，即能與主官休戚與共，有時更能力挽狂瀾於事前。這也是汪輝祖忠於職守的表現。

汪輝祖佐治作幕沒有得失之心，絕不戀館。選館當以主人賢爲重，否則爲了戀棧必當到處逢迎，了無志氣可言。他說：

得失有數，幕客因人爲事，無功業可見。言行則道行，惟以主人之賢否爲賢否。主人不賢，則受治者無不受累。夫官之祿，民之脂膏，而幕之脩出於官祿。吾戀一館而坐視官之虐民，忍乎不忍，且當世固不乏賢吏矣。誠能卓然自立聲望日著，不善者之所惡，正善者之所好也。故戀棧者或且窮途偃蹇，而守正者非不到處逢迎。（註七）

汪輝祖認爲幕友要取信於主人，除了要虛心論理之外，更當首重立品，才能使主人不疑幕客行爲，自己潔身自愛，處事要立心公正，否則必遭天譴。他做這樣的解釋：

虛心：賓主之義，全以公事爲重。智者千慮必有一得。況幕之智，非必定賢於官也。特官爲利害所拘，不免搖於當局；幕則論理而不論勢，可以不惑耳。

立品：信而後諫，惟友亦然，欲主人之必用吾言，必先使主人之不疑吾行。爲主人忠謀，大要顧名而不計利。故欲行吾志，不可不立品。

素位，幕客以力自食，名爲傭書，日夕區畫，皆吏胥之事，而官聲之美惡繫焉，民生之利害資焉。非與官民俱有宿緣，必不可久居此席者。自視不可過高，高則氣質用事；亦不可過卑，卑則休戚無關。

立心要正：諺云「官斷十條路」，幕之制事亦如之。操三寸管，臆揣官事，得失半焉。所爭者公私之別而已，公則無心之過，終爲輿論所寬；私則循理之獄亦爲天譴所及，故立心不可不正。（註八）

4.佐治幕友替主官檢點書吏

汪輝祖認爲幕者在主官群吏之間，主要的使命在佐官而檢吏。官者統御群吏，總有不及之處，幕友必當替主官檢點書吏，不致書吏乘隙爲非作歹而壞官聲。他說：

檢點書吏：幕友之爲道，所以佐官而檢吏也。諺云「清官難逃猾吏手。」蓋官統群吏，而群吏各以其精力相與乘官之隙。官之爲事甚繁，勢不能一一而察之。唯幕友則各有專司，可以察吏之弊。吏無祿入，其有相循陋習，資以爲生者，原不必過爲搜剔，若舞弊累人之事，斷不可不杜其源。總之，幕之與吏擇術懸殊：吏樂百姓之擾而後得藉以爲利；幕樂百姓之和而後能安於無事。無端而吏獻一策，事若有益於民，其說往往甚正，不爲徹底熟籌，輕聽率行，百姓必受

累無已。故約束書吏是幕友第一要務。（註九）

從這一段話可知汪輝祖確有檢吏的體認，也知道如何防患衆吏的爲非作歹，以免殃及百姓。

(二)汪輝祖佐治刑案成功的條件

汪輝祖佐治三十四年間，以專主刑案的時間最久，聲名最著。據他實際佐治經驗，提供佐治刑案應該注意事項，分別羅列在他著的「佐治藥言」及「續佐治藥言」中。擇其中重要的部份，依序分別敘述於后，並認識到他佐治刑案成功並非偶然的。

1.省事

汪輝祖認爲任何一件詞訟案件，只要一入衙門，具呈之人就所費不貲，不論有理無理，無不傾家盪產，身心疲乏以致貧收場。因此他以爲「事非急切，宜批示開導；不宜傳訊差提。人非緊要宜隨時省釋，不宜信手牽連。」他無非是以仁人之心，不擾民不驚民，做到安民的地步。在「省事」的原則下，以達到不枉不縱的要求。他在《佐治藥言》中有詳細的說明：

省事：諺云：「衙門六扇門，有理無錢莫進來。」非謂官之必貪，吏之必墨也。一詞准理，差役到家則有饌贈之資。探信入城則有舟車之費。及示審有期，而訟師詞證以及關切之親朋，相率而前，無不取給於具呈之人。或審期更換，則費將重出。其他差房陋規名目不一，諺云：「在山靠山，在水靠水。」有官法之所不能禁者。索詐之贓又無論已。余嘗謂作幕者於斬、絞、流、徒，重罪無不加意檢點，其累人造孽多在詞訟。如鄉民有田十畝夫耕婦織，可給數口，一訟之累費錢三千文，便須假子錢以濟，不二年必至鬻田，鬻一畝則少一畝之入，輾轉借售不七八年而無以爲生，其貧在七八年之後，而致貧之故實在准詞之初。故事非急切宜批示開導，不宜傳訊差提；人非緊要宜隨時省釋，不宜信手牽連。被告多人何妨摘喚，干證分列，自可摘芟少換一人即少累一人。諺云「堂上一點硃，民間千點血。」下筆時多費一刻之心，涉訟者已受無窮之惠。故幕中之存心以省事爲上。（註一〇）

2. 詞訟速結：

聽訟雖然是主官的事，但催差集審則是幕友之責。爲了在示審之期能速審速結，不至因事臨時改期，徒增兩造蕩財曠事，民怨必騰，故汪輝祖主張佐治刑案要「詞訟速結」以息民怨。

詞訟速結：聽訟是主人之事，非幕友所能專主；而權事理之緩急、計道里之遠近，催差集審則幕友之責也。示審之期最須斟酌，宜量主人之才具，使之寬然有餘，則不至畏難自沮。既示有審期，兩造已集，斷不宜臨時更改，萬一屆期別有他事，他事一了即完此事。所以逾期之故，亦可曉然使人共知。若無故更改，則兩造守候一日，多一日費用，蕩財曠事民怨必騰。與其准而不審，無若鄭重於准理之時；與其示而改期，無若鄭重於示期之始。昔有犯婦，擬凌遲之罪，久禁囚圄，問獄卒曰何以至今不剮，剮了便好回去養蠶。語雖惡謔蓋極言拖延之甚於剮也。故便民之事莫如聽訟速結。（註一一）

3. 息訟

詞訟案件多半因氣憤而起，汪輝祖認爲經居中調停便能息訟。一經兩造同意息訟，幕友便當給予息銷，否則傷善鄰里和睦，以圖差房貪求無厭。

息訟：詞訟之應審者什無四、五，其里鄰口角，骨肉參商細故，不過一時競氣，冒昧啓訟，否則有不肖之人從中播弄。果能審理平情，明切譬曉，其人能悔悟皆可隨時消釋。間有准理後，親鄰調處，籲請息銷者，兩造既歸輯睦，官府當予矜全，可息便息亦寧人之道。斷不可執持成見，必使終訟，傷閭黨之和以飽差房之慾。(註一二)

4.**求生**

幕友佐治刑案，主要目的不在處決人犯。汪輝祖認爲求生才是目的。他佐治刑名二十六年，因案入於死者僅六人而已。凡是無入情實者，儘量設法予以邀恩緩減。他解釋道：

求生：余治刑名佐吏二十六年，入於死者六人而已：仁和則莫氏之因姦而謀殺親夫者。錢塘則鄭氏之謀殺一家非死罪二人者，起意及同謀加功二人。平湖則犯竊而故殺其妻者有毛氏一人。竊盜臨時行強而拒殺事主者，有唐氏一人。(註一三)

5.**愼初報**

佐治刑名案件，無論入罪或出罪，辦案初報時尤須謹愼。汪輝祖認爲犯人口供證詞都要仔細反覆辯檢，才可定罪入實初報，切莫草草動筆，否則草菅人命，徒增民怨。他親身體驗說明之：

愼初報：辦案之法，不惟入罪宜愼，即出罪亦甚不易。如其人應抵而故出之，即死者含冤。余每欲出入罪反覆案情，設令死者於坐號相質，有詞以對，始下筆辦詳，否則不敢草草動筆。二十餘年來，可質鬼神者，此心如一日也。（註一四）

6.命案察情形

凡命案發生，幕友必須細察兩造起衅之由，及爭毆之狀，也就是確實履勘命案現場，絕不可相信仵作的驗屍報告。並將結果報之主官，作爲主官判案的參考。汪輝祖認爲命案察情形，判斷犯人有心無心犯案，才能作出犯人秋審時審定屬情實或緩決或可矜的區別，以得到適當的判決。他說：

命案察情形：命案出入全在情形；情者起衅之由，形者爭毆之狀。衅由曲直，秋審時之情實，爲緩決，爲可矜，區以別焉。爭毆時所持之具，與所傷之處，可以有心無心之分；有心者爲故殺必干情實；無心者爲鬥殺可歸緩決。且毆狀不明則獄情易混，此是出入最要關鍵；審辦時必須令仵作（如同現今法醫）與兇手照供比試。所叙詳供，宛然有一爭毆之狀，鑿鑿在目，方無游移干駁之患。（註一五）

7.盜案慎株累

處理竊盜案，除了須認定贓眞盜確外，汪輝祖認爲盜竊犯所指板之人及買寄贓物之家更須明辨確實；否則會形成無辜受牽連，株累無極，拖累之良民必受到物質及精神的傷害。他說：

盜案慎株累：贓眞則盜確，竊賊亦然。正盜正竊，罪無可寬。所尤當愼者，在指板之人與買寄贓物之家，往往擇殷而噬，藉端貽累，指板之人固須質審，其竝無實據者，亦可摘釋。至不知情而買寄贓物，律本無罪，但不得不據供查市。向嘗不差捕役，止令地保傳諭，檄內注明有則交保不須投案；無則呈剖不許帶審。亦從無匿贓不繳自干差提者，此亦保全善類之一法。一經差提不唯多費，且竊盜拖累幾爲鄉里之所不齒。以無辜之良民與盜賊庭質，非賢吏之所忍也。（註一六）

8. **刑名案件的處理幕客佐吏，固當熟讀律例。**

汪輝祖認爲吏須將律例融會貫通，否則會產生案件失之毫釐，去之千里的後果。他解釋道：

讀律：幕客佐吏全在明習律例。律之爲書，各條具有精蘊，仁至義盡，解悟不易。非就其同意之處，融會貫通，鮮不失之毫釐去之千里。夫幕客之用律，猶秀才之用四子書。四子書解誤，其害止於考列下等；律文解誤，其害乃至延及生靈。故神明律意者，在能避律而不僅在引律。如能引律而已，則懸律一條以比附人罪，一刑胥足矣，何藉幕爲。（註一七）

9. **婦女不可輕傳：**

婦女犯案尤須特別謹愼，不可輕傳對簿，否則無以保全婦女顏面名節。汪輝祖特別要幕友注意「婦女不可輕傳」，他說：

婦女不可輕傳：提人不可不愼固已。事涉婦女尤宜詳審，非萬不得已，斷斷不宜輕傳。婦人犯罪則坐男，夫具詞則用抱告，律意何等謹嚴，何等矜恤。蓋幽嫺之女，全其顏面，即以保其貞操。而妒悍之婦，存其廉恥亦可杜其潑橫。（註一八）

10.須爲犯人著想

佐治幕友，基本上也是平民，必須深知民間疾苦，遇事必須替犯事者設想，才能獲得眞情。汪輝祖認爲佐治刑案時「須爲犯人著想」，他說：

須爲犯人著想：親民之吏分當與民一體，況吾輩佐吏爲治，身亦民乎。嘗見幕友位置過高，居然以官體自處，齒鮮衣輕，漸不知民間疾苦。一事到手，不免任意高下，甚或持論未必全是，而強詞奪理，主人亦且曲意從之，恐其中作孽不少。余在幕中襄理案牘，無論事之大小，必靜坐片刻，爲犯事者設身置想，并爲其父母骨肉通盤籌畫。始而怒繼而平，久乃覺其可矜，然後與居停商量，細心推鞫，從不輕予夾拶，而眞情自出，故成招之案鮮有翻異。以此居停多爲上臺賞識，余亦藉以藏拙，無賦閒之日。故佐治所忌莫大乎心躁氣浮及拘泥成見。（註一九）

11.勿輕引成案

佐治刑名辦理案件，固有很多成案可循，如援引成案都很便捷；但因每件案情迥別，人情相異，硬要援引，總有難治之處，恐有冤抑之情無法十分安貼人心。所以汪輝祖認爲辦理案件絕勿輕引成案，他解釋道：

成案如程墨然，存其體裁而已，必援以爲準，刻舟求劍，鮮有當者。蓋同一賊盜，而糾夥上盜事態多殊。同一鬥毆，而起衅下手情形迥別。推此以例其他，無不皆然。人情萬變，總無合轍之事，小有參差則大費推敲，求生之道在此，失入之故亦在此。不此之精辯，而以成案是援，

小則翻供，大則誤擬，不可不愼也。（註二〇）

以上十一條「佐治藥言」是汪輝祖擔任刑名佐治幕友時，在實際經驗中體驗出的。因此他的看法，深受當時士人的看重，而他的作法更受到百姓的愛戴。汪輝祖數十年中，連續受聘幕友，沒有賦閒間斷過，足見他佐治成功。

三、結　論

汪輝祖自幼家貧，由習吏事而成爲佐治幕友，後更專治刑名，歷經二十六年佐治十六人。由於他孝事雙母，用功讀書，注意個人修養之外，特別重視佐治刑名案件的處理，處處替案件相關的人設身週想，儘量以調解居停以化解彼此怨恨，以求息訟來減少百姓不必要的花費。更處處細心推鞫，儘量用「求生」以達到勿枉勿縱的目標。絕不用刑求逼得心不甘情不願的口供。也以不輕喚差提不增加株累，不徒增百姓困擾。尤其可貴，汪輝祖特別注意到，婦女在當時的社會地位，案情沒有絕對必要，絕不輕傳婦女對質，以全其顏面，而保全貞操，更可予悍婦存廉恥而杜絕潑橫無禮。總之，汪輝祖之所以成爲清代江南名幕，決非偶然。簡單的說，他是以「仁心」爲本，以「仁術」爲手段。以「求生」爲本，以解「民怨」爲最終目的。所以汪輝祖不愧是清代的循吏。

【附註】

註一　《國朝耆獻類徵初編》卷二百四十二，守令二十八，汪輝祖傳—阮元撰。

註二　《清汪輝祖先生自定年譜》卷上，九頁。收入《新編中國名人年譜集成》，第八輯，臺灣商務印書館發行，王雲五主編。

註三　同註一。

註四　《佐治藥言》九頁，汪輝祖纂，收入《叢書集成簡編》，臺灣商務印書館發行，王雲五主編。

註五　同註四，自序。

註六　同註四，一頁。

註七　同註四，二頁。

註八　同註四，二—三頁。

註九　同註四，四頁。

註一〇　同註四，五頁。

註一一　同註四，五—六頁。

註一二　同註四，六頁。

註一三　同註四，六—七頁。

註一四　同註四，七頁。

註一五　同註四，七頁。

註一六　同註四，七—八頁。

註一七　同註四，八—九頁。

註一八　同註四，九—十頁。

註一九　同註四，十一頁。

註二〇　同註四，十一頁。

清代乾隆朝竇光鼐含冤事件的始末

清高宗即位以後，首揭寬猛並濟的政策，記取康熙、雍正兩朝的經驗，抱持剛柔相濟、不競不絿的原則，開創了乾隆六十年清室極盛之時代。但乾隆晚期高宗獨寵和珅，一時朝廷上下官吏貪墨之風盛行。乾隆五十一年浙江學政竇光鼐揭發浙江倉庫虧空一案，高宗雖派欽差曹文埴等人赴浙調查，但未得確切結果；而竇光鼐仍再三參奏，尤以平陽縣知縣黃梅勒派彌補弊案最爲眞切，但不爲欽差們相信。甚至乾隆帝特派的大學士阿桂也被蒙蔽，以致竇光鼐幾乎身陷牢獄。後終因竇光鼐取得黃梅勒派侵漁的田單、印票等確鑿證據，竇光鼐遂得平反。經由本文的探討，可以了解清乾隆朝晚期，官吏貪污盛行及清官受奸官誣陷的實際情形。

清高宗乾隆皇帝弘曆於雍正十三年（西元一七三五）九月初三即位，當時才二十五歲。清朝經順治、康熙、雍正三朝近百年的經營，政局已經穩定，乾隆皇帝從他的祖父、父親手裏接過來太平江山。他吸取了康熙、雍正兩期的統治經驗，標榜「執兩用中」的原則。他說：「治天之道，貴得其中，故寬則糾之以猛，猛則濟之以寬。」（註一）又說：「天下之理，惟有一中，中則無過不及，寬嚴並濟之道也。」（註二）採取「寬猛互濟」、「損益隨時」。也就是指不拘泥於成法，隨時恩威並施，有剛有柔。爲此矯正雍正一朝過嚴之偏，所以可以施行「惇大之政」，諸事從寬，使雍正皇帝在位時綳得很緊的弦子稍微鬆弛下來；但寬鬆是否適中本來就很難拿捏得準的，而乾隆皇帝又常「因人立法、徇庇親信」「以時立法、時寬時嚴」（註三）使天下官吏不知所從，再加上乾隆晚期獨寵和珅，讓他兼統吏、戶、兵三部尚書，集行政、財政、軍事大權於一身。由於和珅「性貪黷無厭」，徵求財貨皇皇如不及。使得一時官吏貪墨之風興盛，非但貪黷案件層出不窮，婪贓巨大，而且上至部院督撫，下至胥吏衙役幾乎無官不貪。貪官污吏們爲了維持既得利益，因此上下彼此奧援，形成官官相護，互相掩飾。遇有揭發奏參他們的，盡量予以打壓蒙蔽。因此清代乾隆朝後期清官受奸官誣陷的冤枉事件相當衆多。乾隆五十一年（西元一七八六）竇光鼐含冤遭遇就是個典型例子。

竇光鼐，字元調，號東皋，山東諸城人。乾隆七年（西元一七四二）進士，選庶吉士，散館授編修。八年擢左中允（屬詹事府正六品）。十三年正月充會試同考官，六月大考得四等，罰俸一年。十六年遷翰林侍讀。十七年二月擢侍讀學士，六月大考獲一等擢內閣學士（從二品）入直南書房。十八年丁母憂。二十年服闋授左副都御史（正三品），尋提督浙江學政。二十六年逢九卿秋讞會議，竇光鼐因廣西陳希統及貴州羅阿扛兩案，與刑部大臣意見相左彼此爭議不決，竟遭乾隆皇帝以「會讞大典，竇光鼐意氣自用，甚至紛呶謾罵而不自知。設將來豫議者尤而效之，於國憲朝章尚可訓耶！」遂下旨降一級留任。二十七年三月奉旨竇光鼐識見迷拙不克勝副都御史之任，著以對品另用，十一月命署內閣學士告祭南海。二十九年授順天府府尹（正三品）。三十二年丁父憂。三十五年服闋補原官。三十八年調光祿寺卿（從三品），六月遷宗人府府丞（正三品）。四十七年五月授浙江學政。四十九年乾隆皇帝南巡，特賜竇光鼐以詩勉之曰：「士習民端首，風方繫厥司。況茲文盛處，所重行修時。熟路輕車試，迪人克己爲。前車應鑒己，自力尙勤思。」（註四）

乾隆五十一年正月癸亥（十八日）諭：「擢竇光鼐爲吏部右侍郎（正二品）仍留浙江學政之任，其吏部侍郎事務著李綬暫行兼署。」（註五）是年因浙江省州縣倉庫多有虧缺無法依限全補，浙江巡撫福崧奏請分別展限。乾隆皇帝遂於五十一年二月十七日派「尙書曹文埴，侍郎姜晟、伊齡阿等前往浙省將各州縣倉庫，徹底盤查，究竟虧缺若干？彌補若干？或銀或米俱歸有著。」（註六）到了三月二十七日因曹文埴等具奏浙省虧空一案仍須分投盤查，等到查有明白結果再行具奏，乾隆皇帝遂下旨要曹文埴等仔細確切清查。四月浙江學政竇光鼐具奏稱：

浙省各州縣倉庫虧缺未補者多，蓋因從前王亶望、陳輝祖貪墨繼踵，敗露時督臣富勒渾僅以倉庫虧缺具奏，並未徹底查辦。祇據司道結報之數渾同立限，各州縣遇有陞調事故，輒令接任之員代爲出結，辦理殊屬顢頇。聞得嘉興府屬之嘉興、海鹽二縣，溫州府屬之平陽縣虧數皆逾十萬，應查明何員虧缺若干分別定擬，指名嚴參。……去歲杭嘉湖三府歉收，倉内有穀可糶者無幾，浙東八府歲行採買惟折收銀兩以便挪移……（註七）

乾隆皇帝據報後於四月乙酉（十二日）下旨除嘉獎竇光鼐所言公正必係耳聞目睹，所奏不爲無據，將竇光鼐原摺鈔寄曹文埴、姜晟、伊齡阿等閱看，令其照竇光鼐所奏各款再逐一秉公詳細盤查，務將該省數年積玩虧缺實數及原虧續缺裝點各情弊，並虧空數逾十萬之嘉興等縣及平糶無穀折銀那移之杭州浙東等屬，逐一查明嚴參辦理，命曹文埴等速行回奏。四月十八日添派竇光鼐會同曹文埴等據實查辦。自三月二十七日到四月十八日曹文埴並未將浙省虧空一案分投盤查結果具奏。乾隆皇帝故於四月壬辰（十九）日諭旨曰：

……至浙省倉庫虧空一事昨已有旨，添派竇光鼐會同秉公據實查辦。前據曹文埴等奏（此係指三月二十七日諭旨），分派隨帶司員前往各府屬清查倉庫，至今又有十餘日，並未據曹文埴等奏到。浙東八府距省較遠。至嘉湖二府地方接近省城，往返不過五六日有無虧空不難立見。至杭州則曹文埴等現在彼處，尤可就近盤查。將現在情形先行覆奏，豈必待彙齊始行入奏耶？著曹文埴等即將現已查清之府屬倉庫虧缺若干之處迅速先行覆奏。（註八）

乾隆皇帝恐曹文埴等不能將浙江省虧空案速行了結，遂於五月丙午（初四）傳諭：「阿桂即行速赴浙省會同曹文埴等徹底查辦，庶之持定見，遇事會銜具奏。而竇光鼐係浙省學政，現在科試未竣且屬鄉試之年掄才大典，不可貽誤按期考試未經考竣府分。」（註九）由於竇光鼐在奏參浙省虧缺案的奏摺內並稱盛柱（原任浙江布政使後改任杭州織造）上年進京攜貲過豐，外間頗有煩言。爲此乾隆也同日諭：「盛柱現有質訊事件，著解任候質。」（註一〇）也一併交阿柱等質審。

後來竇光鼐及曹文埴就他們分別查過的縣分提出報告。乾隆皇帝於五月辛酉（十九日）頒旨：

……據竇光鼐奏盤查過嘉興、桐鄉、海鹽等六縣倉穀，有缺穀數百石及百餘石者。隨飭該府轉令該縣按數補足。惟桐鄉縣倉內實無儲穀，所有之穀乃借自社倉，又借米三千石開報平糶掩飾一時，嘉興縣社倉空虛呈控紛紛，是該二縣社倉辦理皆不妥協。並據曹文埴等奏前赴紹興杭州所屬各縣，指出一二廒照斛，其餘廒簽探丈量折算。惟山陰、嘉興多穀十三石，此外各縣廒口俱有短少，自一、二石至五、六石不等語。著將原摺鈔寄阿桂閱看，到浙後即將竇光鼐所奏各條款與曹文埴等逐一覈辦。如該縣果查有侵那捏報情弊，自應據實嚴參辦理。（註一一）

大學士阿桂到浙省後，查詢浙省各屬倉庫情形及竇光鼐所稱盛柱上年進京攜帶過豐各情節，結果向乾隆皇帝報告，並言竇光鼐於相關重要證據都無法指實。竇光鼐乃於五月乙丑（二十三日）受到乾隆皇帝嚴厲的指責：

……竇光鼐原奏永嘉，平陽二縣借穀勒派之事。阿桂面詢該學政係何人告知，該學政不能記憶姓名。是竇光鼐既欲於朕前見長，又恐得罪眾人，實屬進退無據。至於所稱盛柱進京攜帶銀兩及總督收受門包各節，詢之該學政，亦不能指實。阿桂等傳詢盛柱，則因上年進京時有應解浸價銀三萬九千餘兩，盛柱自行裝匣攜帶，到京後即赴廣儲司兌交有案。是盛柱攜帶銀兩係屬官物，豈可指爲贓私之證，而竇光鼐因見所帶銀匣數多，遂疑爲盛柱私貲。若如此疑人天下竟無一清廉之官矣，尤爲可笑。至盛柱所稱進京時並無送給十五阿哥物件，阿哥亦從不許其幫助等語。阿哥等素常謹愼，宮中廩給亦優，本無需伊等幫助之處，盛柱所言自屬可信，朕閱之深爲嘉悅。至總督藩司收受屬員門包餽送，事關大員婪索，若無確據何得率行陳奏，乃詢問該學政毫無指實，是竟係信口誣人；若竇光鼐欲誣人謀反，將不論其實有無將人治罪，有是理乎？此案若非朕特派阿桂前往查辦，則竇光鼐與曹文埴等爭執板引，即經年之久辦理亦不能完結更復成何事體。今阿桂與曹文埴等公同面詢逐層駁詰俱確有據，竇光鼐竟不能復置一詞。……（註一二）

六月十七日阿桂傳旨令盛柱回任杭州織造。盛柱一案即告結束。

浙省虧空一案，六月經阿桂等查明上報，所有倉庫彌補未完銀兩二十五萬三千七百餘兩，與前任浙江巡撫福崧（五十一年三月伊齡阿任浙江巡撫）初報二十七萬餘兩之數，有少無多足見其尚無隱飾。而有關浙江永嘉，平陽二縣那移勒派各款，阿桂等於六月二十三日向乾隆皇帝具奏，經嚴密訪查並無其事。至竇光鼐所參平陽知縣黃梅丁母憂演戲一節也於事實不合。爲此乾隆皇帝對竇光鼐下旨切責，說他全不顧及他人名節實屬荒唐。七月甲辰（初三）乾隆皇帝下的上諭是這樣說的：

……今據阿桂等查明黃梅爲伊母演戲慶壽，伊母於是夜痰壅身故。是其演戲在未丁憂之前；況伊母年已九旬風燭無常猝然身故，亦屬情理所有。此事關繫名節，竇光鼐輒行入告並不確細清查，若此事果實如原奏所稱，行同禽獸不齒於人類矣。該學政不顧汚人名節，以無根之談冒昧陳奏，實屬荒唐。竇光鼐著飭行仍令據實回奏。（註一三）

竇光鼐於七月二十一日覆奏中又參奏前任仙居縣知縣徐廷翰監斃生員馬寘，並倒塡月日捏飾情形，各上司輾轉情庇而未審出實情。乾隆皇帝於閏七月初一日（壬申）卻批斥下旨道：

……乃竇光鼐必欲加該縣徐廷翰以故勘濫禁，因而致死之罪，並將參奏徐廷翰摺與曹文埴閱看，聲言汝等辦理此案若不將徐廷翰照故勘濫禁治以重罪，我必將汝等參奏並令告之阿桂、伊齡阿等語；是其袒護劣衿，偏執己見，不自知其言之狂妄若此。設如所言，將來劣生必致武斷鄉曲，目無官長，適足以成惡習而長刁風，尚復成何政體耶！（註一四）

竇光鼐在覆奏時，對於平陽縣知縣黃梅勒派彌補一案未能指實，遂引起乾隆皇帝對他嚴加指責並予交部議處，同日下旨道：

……又竇光鼐覆奏，平陽縣黃梅母喪演戲係闔邑生童所言。及平陽虧空自黃梅始，該縣以虧空之多挾制上官，久據美缺，縱令伊子借名派索濫用而不彌補，且指阿桂等於議處虧空各員未將黃梅從重辦理等語。……竇光鼐係讀書人，亦何心汚人名節致禽獸之不若耶。據稱派往詞員海成爲地方官所矇。今伊竟親自赴平陽縣訪查，如果能查明自當另辦，若至生事陵夷地方官是伊自取咎耳。且阿桂、曹文埴、伊齡阿屢蒙任使皆係素能辦事之人，朕之信竇光鼐自不如信阿桂等。即今竇光鼐反躬自問亦必不敢自以爲在阿桂之上也。今竇光鼐固執己見，嘵嘵不休者以爲盡職乎？以爲効忠乎？且竇光鼐身任學政，校士是其專責。現當賓興大典，多士守候錄科，平陽去省往返二千餘里，該學政必欲親往訪查而置分內之事於不辦，殊屬失當。且其固執辯論，意在必伸其說，勢必蹈明季科道盈廷爭執，各挾私見而不顧國事之陋習。不可不防其漸，竇光

鼐著交部議處。（註一五）

竇光鼐因爲平陽縣虧空勒派彌補一案未能指實，所以才親自赴平陽縣訪查。又因與阿桂、曹文埴、伊齡阿等意見相左，遂遭同僚排斥，甚至受到有意的排斥。

閏七月初十日浙江巡撫伊齡阿便參奏竇光鼐，未到平陽之先潛差人招集生監，呈控地方事件。並於明倫堂發怒咆哮，言詞恐嚇並勒寫親供，用刑具逼喝……等事。乾隆皇帝閱後大怒，並於閏七月十八日下諭切責竇光鼐，並照部議革職。諭旨內容如後：

> ……生監把持唆訟，學政方將約束之不暇，而竇光鼐招告於未到之先，逼嚇於既到之後，咆哮發怒紛紛若狂，實屬大孤厥職。若生監等因此挾制官長，顛倒是非，實足以長惡習而助刁風。而竇光鼐執意妄行，竟欲以生監等筆據爲驗，是其舉動乖張瞀亂，朕亦不能爲之曲庇矣。……今復召集生監逼令指實而置目前錄科之事不辦，徒令合省生監守候多時幾誤場期。如此若再姑容則何以爲曠職生事者戒。竇光鼐著照部議革職，其吏部右侍郎員缺著金士松調補，其浙江學政著顧學潮暫行署理。（註一六）

閏七月十五日竇光鼐自平陽縣歸來，帶來了典史李大璋及生監等十七人以爲證佐，顯然平陽縣虧空彌補勒派侵吞一案顯有突破性發展。但浙江巡撫伊齡阿非但不參予會審竟以先下手爲強的手段予以竇光鼐重大打擊。於閏七月十六日奏報竇光鼐罪狀，說竇光鼐以不欲作官不要性命也要查清此案等幾近瘋狂的言語，以激怒乾隆皇帝。乾隆皇帝隨於閏七月乙未（二十四日）下旨加以嚴懲，將竇光鼐拏交刑部治罪，似乎已陷入絕地。這道諭旨內容如後：

茲復據伊齡阿奏，竇光鼐回時攜帶丁憂典史及生監多人以爲質證，且言不欲做官不要性命等語。看來竇光鼐竟係病瘋，是以舉動顛狂若如此。伊於黃梅丁憂演戲一節，始則誤聽人言欲以忤逆不孝之事汚人名節。今赴平陽訪查此事屬虛，復言黃梅任內另有別項款跡以實其說。如此乖張瞀亂，不但有乖大臣之體且恐煽惑人心，致啓生監平民人等訐告官長，效尤滋事之風，不可不嚴行懲儆。僅予革職不足蔽辜，竇光鼐著拏交刑部治罪。（註一七）

竇光鼐自平陽回到省城杭州後也立刻以五百里馳奏，報告他親赴平陽查出知縣黃梅以彌補虧空爲名計畝派捐；每田一畝捐大錢五十文。又每戶給官印田單一張，與徵收錢糧無異。既已勒捐仍不彌補，以小民之脂膏肥其欲壑，且採買倉穀並不給價勒捐錢文。蒞任八年所侵呑部定穀價與勒捐之錢，計婪索不下二十餘萬。並據各生監繳出田單、收帖各檢一紙呈覽。乾隆皇帝接摺後，了解竇光鼐檢舉黃梅勒捐彌補一案不是無敵放矢，爲此要阿桂等重新秉公審理，閏七月戊戌（二十七日）下旨道：

……今觀竇光鼐所奏，又似黃梅實有勒派侵漁之事，且有田單、印票、借票、收帖各紙確鑿可據，豈可以人廢言……。今觀其呈出各紙，此事不爲無因。又有原告吳榮烈隨伊到杭，願與黃梅對質。若朕惟阿桂，曹文埴、伊齡阿之言是聽而置此疑案不明白辦理，不但不足以服竇光鼐之心，且浙省現値鄉試生監雲集，眾口藉藉，將何以服天下輿論。此事關係重大，不可不徹底根究以服眾懲貪。阿桂現已起程在途，接奉此旨仍著回至浙江秉公審理。此時竇光鼐業由浙起解，阿桂於途次遇見即將伊帶回浙省以便質對。……著添派閔鶚元（任江蘇巡撫）會同審辦，務須將竇光鼐摺內所奏黃梅勒派貪黷各款逐一根究……。以此觀之，伊齡阿不免爲屬員所欺矣。此事卻有關係伊齡阿尚可，朕與阿桂可受其欺乎？必應審明，朕不迴護，惟有大公至正而已。閔鶚元亦應如此。……黃梅如果有此種種劣蹟，即應審明定罪以儆奸貪，不可顢頇完結致滋物議也。（註一八）

乾隆皇帝爲了顧到阿桂前次未查出黃梅勒派弊端，恐其稍存偏袒芥蒂之見，同日六百里傳諭再三爲之開導：

……今據奏到黃梅贓穀確鑿，則是阿桂等前此在彼查審時爲地方官瞞過；然朕知阿桂必非有心爲黃梅開脫，不但阿桂無此心，伊齡阿甫任巡撫，亦無所用其迴護，想亦爲地方官所矇蔽。即派往訪查之司員海成與黃梅素無交識，亦不值代爲掩飾，祇以地方事件猝往查辦不得其底裡；而知府范思敬爲之詭詞遮飾，海成即墮其術中。此等情節朕無不洞悉原諒。……朕豈肯稍爲迴護，將就留此疑案顢頇了事，而阿桂前往查審又豈可迴護原辦，俾貪污敗檢之劣員仍得倖逃法網乎？且竇光鼐性情堅執而浙省士子議論風生，若阿桂等稍有袒護，不將黃梅款蹟徹底查辦以服人心，仍復含糊結局，將來竇光鼐到刑部時豈能箝其口而不言。而該處輿論籍籍，倘經御史復行參奏朕將何以中止。阿桂等亦不值爲此劣員任咎也。著傳諭阿桂、閔鶚元會同前往浙省將黃梅款蹟逐一根究並將該處生監等傳集質對。無論各款俱實，固應將黃梅按律定擬寘之典刑，即有一二款得實亦應從重治罪，以爲州縣勒派殃民虧缺倉庫者戒……。而竇光鼐執辯不撓獨能列款入奏，雖其舉動乖張固有應得之咎，而始終不肯附和亦屬人之所難。如果所奏不誣朕尚欲加恩原宥。阿桂遇彼時不妨即以此旨給其閱看令伊心服也。阿桂係受恩深重之人自不致稍有迴護。閔鶚元素能辦事亦當深體朕懷秉公查詢……。（註一九）

這個上諭的頒發，肯定竇光鼐舉發黃梅勒派婪索的正確，而對阿桂等未能將此案清晰查出未加苛責，卻加以諄切開導，可見乾隆皇帝處事的清正幹練了。

閏七月庚子（廿九日）竇光鼐又覆奏黃梅在任匿喪三日，假稱慶祝以便追糧。他在任八年虧空累累，知府方林於乾隆四十九年五月曾經揭參離任，後任金仁接署不到一個月，便復委任汪誠若接署，該年十一月內復回原任。總因平陽空倉空庫各員不敢接收，黃梅遂抗不彌補以爲自固之計。並奏明前浙江巡撫福崧並無沾染；但他姑容劣員顯失之懦弱姑息。竇光鼐的這個奏摺使乾隆皇帝對他有了好感，遂命阿桂除去其刑具並免其拏問。黃梅的原籍家產及任所貲財一並查封外並行緝拏提審黃梅的長子。同日乾隆皇帝下旨云：

……今既據查出田單、領借等紙二千餘張，則是證據確鑿。朕從不迴護，雖欲不查辦而不能，看來竟大有關係，朕不爲已甚亦不肯聽其已甚常論之語，阿桂自知也。即如所奏黃梅匿喪三日，假稱慶祝三日以便追糧，其事出乎情理之外。由今觀之貪夫之心慾無厭昧盡天良，未必非實在情形矣。朕於此事毫無成見，惟以查辦得實爲主。阿桂、閔鶚元到彼時，惟當共體朕心秉公嚴審。且據竇光鼐奏，黃梅任內虧空累累，經該府方林（溫州府）揭參後，任署知縣金仁、汪誠若俱在浙省更不難就近質對。阿桂等即當提訊嚴質，則黃梅之始而虧空既而勒派勒捐，捐派之後仍不彌補，種種劣蹟自可水落石出矣。……著傳諭阿桂於遇見竇光鼐即傳朕旨將伊除去刑具免其拏問，著即帶往浙省隨同查辦此案，並將此旨給其閱看。至黃梅在任即有贓款則伊任所私蓄必多，除傳諭孫士毅等伊原籍家產查封外，著阿桂等即將黃梅任所貲財一併查封。若其家貲豐厚則即借彌補爲名，攤派肥槖之實據也。並查伊長子究係何名逃往何處，即行緝拏提審。至黃梅任內有無別項劣蹟亦著一併嚴審具奏。再伊齡阿兩次參奏竇光鼐未必不受屬員慫慂，此案伊可無庸會辦以免迴護。（註二〇）

乾隆皇帝對於黃梅勒派一案，內心非常著急，要阿桂、閔鶚元等盡速辦理，故於八月初一日再下旨：

……並著阿桂接奉此旨即速兼程行走，朕惟計日以待也。將此傳諭阿桂並諭閔鶚元知之，閔鶚元亦當善體朕意也。（註二一）

阿桂、閔鶚元在途次接奉諭旨，即分別自山東平原及江蘇常州途次回程前赴浙江查辦黃梅貪贓各款。而浙江巡撫伊齡阿卻於閏七月二十六日具奏傳詢竇光鼐自平陽帶回省城之丁憂典史李大璋供出竇光鼐前後誘令寫供及變臉發怒各情節；但不爲乾隆皇帝所信，這是他睿智見解：

典史李大璋不過微末之員，如何敢於巡撫前翻案，是以止將竇光鼐逼供發怒情形順巡撫之意搪

塞支飾，而於黃梅貪黷款蹟概不吐露，其所供未可為憑。（註二二）

八月丁卯（廿七日）乾隆皇帝接獲阿桂等奏，審訊平陽縣知縣黃梅，確有向部民勒借錢文並按田科派二款已供認不諱，遂下諭道：

……黃梅以彌補虧空為名，向部民勒借派捐業有確據，其貪婪不職殊出情理之外，黃梅著革職拏問。溫州府知府范思敬著解任，一併質審定擬具奏。（註二三）

對於溫州知府范思敬徇庇屬員及黃梅長子黃嘉圖等種種情形，也要阿桂等仔細查辦，同日又下旨：

……至該府范思敬於所屬知縣黃梅如此貪婪骫法，並不早行揭參顯有徇庇情事。……今黃梅如此貪黷乃范思敬竟為袒庇置若罔聞，自必得受黃梅贓賄，是以隱忍姑容並不據實揭報，阿桂等務將此情節切實審訊定擬具奏。至阿桂等查辦此案尚有未中窾要之處，黃梅以彌補虧空為名，肆其貪婪派捐勒借。即使將科歛銀兩實在彌補倉庫已有應得之罪，況藉端派借並未彌補虧缺，俱以侵漁肥橐，是其貪黷營私，實出情理之外，此一節最關緊要，阿桂等當從此根究，令其據實供吐毋任狡飾。並將黃梅採買倉穀私收水腳朋貼各情節逐一嚴究，務得實情以成信讞。至於黃梅長子黃嘉圖，民皆號為石板礮，是黃梅縱容伊子在外招搖婪索貽害地方必有實在款蹟，以致眾怨佛騰，混號即其實據。並著阿桂等一併嚴審究擬迅速具奏。所有此案漫無覺察之上司及該管道府均著阿桂等於定案時分別查參。（註二四）

平陽縣知縣黃梅以彌補虧空為名勒派貪黷婪索一案，經阿桂等已審訊明確據實奏報。乾隆皇帝便於九月丁亥（十七日）頒旨說明案情並相關官員的疏忽職責，下旨懲處前任浙江巡撫福崧，前任浙江藩司現任杭州織造盛柱及現任浙江巡撫伊齡阿等，並加恩命竇光鼐署理光祿寺卿。諭旨內容如後：

……茲據阿桂等將黃梅在任婪索各款嚴切審明；黃梅借吳榮烈等錢二千一百文，侵用田單公費錢暨朋貼採買錢一萬四千餘千文，而於原報虧缺僅彌補四千餘兩，仍未依限補足。是竇光鼐所奏，惟黃梅匿喪演戲及侵用廩生餼糧，並短發老民銀兩三款屬虛，其餘三款已為確實，是伊從前冒昧固執之咎尚屬可寬。現在陸錫熊已出學差，所有光祿寺卿著加恩令竇光鼐署理，即行來京供職。……惟福崧在巡撫任已歷數年，乃於此等劣員骫法侵貪，並不據實參奏豈可復膺封疆之任。藩司盛柱所屬州縣錢糧是其專責，伊在浙較之福崧尤為最久，亦復置若罔聞姑容闒冗，是盛柱亦不應仍任織造。伊等現交部嚴議，自係革任革職，難邀寬宥，福崧盛柱先著革去翎頂俱著來京候旨。……伊齡阿於黃梅婪索一案雖非其任內之事，但聽屬員之言兩次將竇光鼐冒昧參奏是其錯謬，伊已自請交部嚴加議處，著在任聽候部議。……（註二五）

乾隆皇帝對於阿桂等查辦浙省虧空一案，遺漏平陽縣知縣黃梅婪索未曾查出，也應自行檢舉，故於九月十八日下旨對阿桂等深加切責：

……浙省倉庫虧空未能依限彌補，特派阿桂、曹文埴、姜晟、伊齡阿先後前往該省徹底查辦。伊等自應將各州縣虧空實在情形及有無借備補為各藉端勒索侵肥之事，詳晰查究據實參劾不負委任之意。何得祇憑地方官結報，就案查覈遽為了事。即如黃梅貪黷營私，贓款累累實由借彌補虧空爲名，侵漁肥槖而於原報虧短穀價，僅彌補四千餘兩仍未依限補足。阿桂等從前查辦時即應將此等情弊詳悉訪查，切實根究方足以服眾懲貪。豈黃梅種種婪索之事乃在虧空本案之外乎？阿桂等以該省虧缺較原報之數有減無增，即謂可以完案；而於黃梅借端派斂各弊並不虛心察訪。若果如此則此等案件，祇須令督撫等照常查訪，由地方官出結具詳已可完案，又何必特派欽差前往辦理。今因竇光鼐將黃梅借票田單查出據實具奏，經朕復令阿桂會同閔鶚元前往覆查，並再四申諭令阿桂毋得稍存迴護芥蒂之見。始據阿桂等將黃梅在任勒借部民錢文及侵用田單公費朋貼各款據實審出。試思此等情弊非從前阿桂等遺漏未曾查出事乎？阿桂等此次查審時，如竇光鼐所參黃梅各款俱涉虛誣尚可藉口；今既審實則阿桂等豈無應得之咎，乃並不自行檢舉。……但前此查辦黃梅時節，據伊齡阿等奏稱竇光鼐嘵嘵執辯咆哮生事，並有不要性命不要做官之語，亦殊乖大臣之體。又稱黃梅母死演戲，家人竊物外逃透漏信息，並逼令典史李大璋書寫呈詞以爲證據。今已審明並無其事，是竇光鼐並不得爲無過。……阿桂等定案時亦應將竇光鼐所參黃梅款蹟，雖已審實而從前性情偏執舉動乖張不合之處分晰陳奏，乃並未經議及。可見阿桂等始則因竇光鼐堅執多事心懷憎惡，及事已審實則又妄臆朕曲護竇光鼐不復置議，尤屬非是。……黃梅調任平陽，在任八年贓私累萬，其歷任本管道府瞻徇袒庇並不揭參，本省巡撫亦俱置若罔聞，非尋常失察可比其罪甚大。設各省效尤國政尚可問乎？是以降旨將福崧、盛桂俱行革任。阿桂等定案時自應將各該上司道府等查明嚴行參奏；乃僅於摺內照常請交部查取職名分別嚴議。

此一節阿桂等亦難辭瞻顧迴護之咎，但朕意不爲己甚故如此完案耳。……阿桂、曹文埴、姜晟、伊齡阿俱著交部議處。……（註二六）

乾隆皇帝對於參于浙省虧缺一案的上下官吏，除自請議罪部分外更明白指出他們的遺漏過失，可見乾隆皇帝御下很嚴，也是他過人之處。

先前浙江巡撫伊齡阿於乾隆五十一年閏七月十日及閏七月十六日分別兩次參奏竇光鼐親赴平陽，發怒咆哮用言語恐嚇並於該縣城隍廟多備刑具等等惡蹟。都是溫處道張裕穀、永嘉縣知縣程嘉讚、新任平陽縣知縣田嘉種等向伊齡阿具稟的。乾隆皇帝得知後對張裕穀等非常不滿，認爲他們明係迴護溫州知府范思敬及前平陽縣知縣黃梅，爲迎合上司，竟官官相護，聯爲一氣，率行裝點情節，扶同具稟希圖蒙混上司，故於五十一年九月庚寅（廿日）下諭：

……所有溫處道張裕穀、永嘉縣知縣程嘉讚，平陽縣知縣田嘉種，俱著交部歸案一併嚴加議處。（註二七）

竇光鼐以吏部右侍郎留任浙江學政身分檢舉浙江省各州縣倉庫多有虧缺，尤以平陽縣知縣黃梅借彌補倉穀爲名，勒捐勒派部民爲數累累等事，但不爲欽差阿桂、曹文埴、姜晟等所相信，並奏報乾隆皇帝實無其事。又經浙江巡撫伊齡阿兩次參奏，說竇光鼐嘵嘵執辯，並親赴平陽縣訪查時招告生監，訊問有關黃梅貪黷款蹟時，咆哮發怒，鎖拏吏役逼令書吏塡寫供詞甘結。乾隆皇帝爲此下令將竇光鼐革職並拏問解京，幾乎形成冤獄。幸竇光鼐適時查出黃梅向部民勒派勒捐的田單、借票、收帖千餘張以為憑證。經乾隆皇帝發旨更審，復令阿桂會同江蘇巡撫閔鶚元前往覆查，並再四申諭令阿桂不可稍存迴護，才將黃梅貪黷婪索侵漁諸弊審實。竇光鼐因而始獲平反，並奉旨署理光祿寺卿。竇光鼐參奏黃梅貪黷婪索，地方道府官吏卻官官相護，甚至欽差大臣也受蒙蔽，並且紛紛對他落井下石；但竇光鼐雖在四面楚歌聲中仍能嘵嘵執辯，為眞理始終不曲，親訪平陽尋找證據，其不畏強權的操守品德足堪後世效法。乾隆六十年竇光鼐充會試正考官，因浙江歸安人王以鋙、王以銜兄弟聯名高第，和珅謂竇光鼐迭為浙江學政，顯有私情，遂遭解任。後因王以銜參加廷試竟以第一人及第，竇光鼐含冤始解，但卻因年老命以四品銜休致，九月卒。竇光鼐一生耿直正義，但卻終不獲大用。

總之，在君主專制的政治體制下，要皇帝承認自己的錯誤，自甚為困難。但當其發見光鼐所提出之證據之後，能夠即令阿桂等前往復審，卒得平反，亦殊不易。至大學士阿桂奉諭前往查辦，雖言起先並未能查出眞象，竟坐光鼐以罪；但奉旨再查，卒能秉公落實，使光鼐含冤得解，亦自有其難能之處。故清史稿對於竇光鼐一事的論評：「高宗中年後遇有言事者，遣大臣按治，輒命其參與，光鼐既將坐譴，卒得自白，阿桂之賢也。」（註二八）雖有過譽，卻並非全無依據。

【附　註】

註　一　《清高宗純皇帝實錄》，卷四，頁二九，甲戌條上諭。

註　二　同註一，卷一四，頁二一，乙巳條上諭。

註　三　《清史研究》，一九九二年一期，〈試析乾隆懲貪屢禁不止的原因〉，劉鳳雲撰。
註　四　《清史列傳》，中華書局編，卷二四，頁二八。
註　五　同註一，卷一二四七，頁四，癸亥條上諭。
註　六　《乾隆朝上諭檔》十三冊，頁四一，〈乾隆五十一年二月十七日內閣奉上諭〉（中國歷史檔案館編）
註　七　同註一，卷一二五二，頁一七，乙酉條上諭。
註　八　同註一，卷一二五三，頁一一，壬辰條上諭。
註　九　同註一，卷一二五四，頁二，丙午條上諭。
註一〇　同註九。
註一一　同註六，冊一三，頁一七一，〈五十一年五月十九日奉上諭〉。
註一二　同註六，冊一三，頁一七六，〈五十一年五月二十三日奉上諭〉。
註一三　同註一，卷一二五八，頁三，甲辰條上諭。
註一四　同註一，卷一二六〇，頁五一，壬申條上諭。
註一五　同註一四。
註一六　同註一，卷一二六一，頁三，己丑條上諭。
註一七　同註一，卷一二六一，頁二六，乙未條上諭。
註一八　同註一，卷一二六一，頁三六，戊戌條上諭。

註一九　同註一八。

註二〇　同註一，卷一二六一，頁四九，庚子條上諭。

註二一　同註一，卷一二六二，頁二，辛丑條上諭。

註二二　同註一，卷一二六二，頁二三，乙巳條上諭。

註二三　同註一，卷一二六三，頁一九，丁卯條上諭。

註二四　同註一，卷一二六三，頁二一，丁卯條上諭。

註二五　同註一，卷一二六五，頁一，丁亥條上諭。

註二六　同註一，卷一二六五，頁九，戊子條上諭。

註二七　同註一，卷一二六五，頁一七，庚寅條上諭。

註二八　《清史稿》，洪氏出版社出版，卷三三二，列傳一百九，頁一八〇二。

清咸豐朝戊午科順天鄉試弊案始末

科舉考試，是中國自隋唐以來朝廷任官取才的重要方法。朝廷爲愼選人才，因此防弊甚嚴，處罰更是嚴苛。但仍有無數士子爲求倖進冒險作弊。清代歷朝科試弊案，爲數甚夥，諸多弊案中尤以賄賂考官，情罪最大。清代咸豐朝科場賄賂之風盛行，咸豐八年戊午科順天鄉試弊案便是一個典型的賄賂案。由於此案弊端嚴重，處斬人員衆多，其中還包括了內閣大學士一品戶部尚書柏葰。因此本案成爲清代最大的科場弊案。本文僅就咸豐朝戊午科順天鄉試的舉行，弊案的發生、調查，以及涉案人員的審訊擬結情形作個詳細敘述。經由本文的探討，可以了解清代咸豐朝順天鄉試試場紊亂、賄賂考官、舞弊橫行的一斑。從清文宗嚴懲弊案相關人員，達到懲一儆百的效果，整頓了科試及端正科場風氣，顯有振衰起敝的作用。

一、前言

中國自隋唐以來，朝廷選用人才，多數採開科取士。士子通過科考進入宦途，如能官運順利，就能富家安命，更可以光宗耀祖。朝廷爲了愼選人才，因此科舉考試一向防弊綦嚴，處罰更是嚴苛。但一些爲求倖進的士子仍是千方百計冒險作弊，如打通關節，夾帶、懷夾、傳遞、頂名、冒籍、代倩等弊，歷朝有之。清代自道光朝以來，科場舞弊現象日趨嚴重，有的考生以「條子」呈遞考官，記明暗號：如在「條子」上加三圈、五圈，如果因此中試則贈銀兩三百、五百給考官，使考場成爲公開賄賂場所。咸豐初年此風更爲盛行，到了咸豐八年（歲次戊午）順天鄉試爆發了一場驚天動地的大舞弊案，經調查審訊審結，處斬決的人數最多，其中官位最高的是內閣大學士一品戶部尙書柏葰，而涉案的人數達二、三十人。因此戊午科順天鄉試弊案，是清代最大的科場案，經過本案嚴厲的處分，對於科場整頓有顯著的成效及影響。由於戊午科順天鄉試在清代科舉史上有著重大鑒戒作用，因此頗受史界重視。經由本案的探討，可以充分了解咸豐朝科試作弊的梗概。士子爲求倖進，與考官勾結，賄賂公行，而試務紊亂的情形，更反映出世風日下的咸豐朝社會狀況。

二、戊午科順天鄉試的舉行

科舉考試，在清代共分四級：童子經縣府考試，由學政錄取一、二、三等稱爲生員，俗稱秀才。經縣府彙送秀才到省城參加鄉試，取中稱爲舉人。舉人進京參加禮部辦的會試，取中稱爲貢士。貢士再參加皇帝御考殿試，共取三甲進士，再分別授以官職。鄉試相當於省級的考試。清自順治元年建都於北京，遂定京畿爲特別行政區，京師地區設順天府，置順天府府尹，領大興、宛平二縣。定順天府爲京府，大興宛平爲京縣。因有管理京城地方之責，所以順天府府尹的品秩高於一般外府（順天府府尹正三品，一般知府爲從四品）。因此順天府舉行鄉試，以選拔人文薈萃京師地區的精英。鄉試三年一科，每逢子、午、卯、酉年舉行稱正科，遇慶典（如皇帝登極等）加科稱恩科。又因鄉試都在八月秋天舉行，故鄉試又稱秋闈，順天鄉試也稱北闈。

咸豐八年（戊午）（西元一八五八）八月初四日《起居注冊》記載：

> 禮部題戊午科順天鄉試正副考官開列請派一疏，奉硃筆順天正考官著伯（柏）葰去，副考官著朱鳳標、程庭桂去。（註一）

柏葰原名松葰，字靜濤，巴魯特氏，蒙古正藍旗人，道光六年進士。咸豐六年命在軍機大臣上行走，兼翰林院學士，尋以戶部尚書協辦大學士。咸豐八年八月典順天鄉試並拜文淵閣大學士。（註二）朱鳳標，字桐軒，浙江蕭山人，道光十三年一甲二名進士。咸豐四年刑部尚書，六年《宣宗實錄》、《聖訓》告成加太子少保。尋調兵部尚書，復調戶部。（註三）而程庭桂自道光二十九年八月十六日（辛巳）任左副都御史（即都察院漢左副都御史）並署戶部右侍郎兼管錢法堂事務，至咸豐八年十月免。（註四）三人入闈後他們的職務也分別派他人兼署。八月初六日諭旨：

> 柏葰現在入闈，戶部尚書著全慶兼署。又奉諭旨程庭桂現在入闈，其所署戶部右侍郎兼管錢法堂事務著杜翰兼署。又奉諭旨朱鳳標現在入闈，兵部尚書著朱嶟署理。（註五）

八月初四日禮部也題奏戊午科順天鄉試同考官開列請派一疏奉硃筆諭旨：

這同考官著宗室麟書、張桐、徐桐、鄒石麟、何福咸、浦安、郭夢惠，宗室瑞聯、趙樹吉、景其濬、寶洵、鍾琇、宋夢蘭、丁紹周、劉成忠、涂覺綱、王楷、周士炳去。（註六）

順天鄉試除欽派正副考官三員及同考官十八員外，另派順天府府尹梁同新爲漢監臨，景廉爲滿監臨，順天府府丞蔣達爲提調，副都統載鶩，志文爲監試。並由大興縣知縣賀廷鑾，宛平縣知縣毛慶麟辦理鄉闈供給事宜，順天府治中蔣大鏞，糧馬通判蕭鼎禧辦理鄉試試卷及名冊事務。

爲了對順天鄉試弊案作個詳細敍述，首先將順天鄉試執事人員的職掌說明於後：

清代順天鄉試主要執事人員計有正副考官、同考官、提調、監試、監臨、知貢舉等，其職掌介紹如下：

正副考官：即科舉考試的考試官。順天府鄉試正副考官，由禮部開列進士出身之協辦大學士，尙書以下，副都御史以上官員請旨欽命三至四人。正、副考官爲鄉試之主持者，考生之試卷，經房考（即同考官）閱後，選優者呈薦。由正考官權衡取去；中式三場各卷，由副考官書「取」字，正考官書「中」字，並擬定取中考生之名次等。

同考官：亦稱「房考」，在正副考官之下，負責鄉試各房分卷評閱等事。清制，順天鄉試同考官十八員，由禮部開列進士出身之內閣侍讀學士、侍讀、侍講學士、編修、檢討、科道官及郎中、員外郎等員題請，由皇帝欽派。各房考卷，先由房考細閱，將出色佳卷黏簽加批，將詩文優劣及所以薦與不薦之故在卷內註明，向主考呈薦。同考官同堂閱卷不得互相抽看，不得暮夜私訪聚談；違者由內監試指參。順天鄉試十八房，同考官按房分任，每房一人故亦稱房考。

知貢舉官：清制，每鄉試設知貢舉滿洲一人，漢一人，例由科甲出身之侍郎以下，三品卿以上官員內奏請欽派。任總攝鄉試場務之事，督率和稽查受卷、彌封、謄錄，對讀各執事人員。

提調：順天府鄉試的提調官以順天府府丞充任，負責場務及文書事務。

監臨：任總理鄉試場務之事，並督率和稽查試卷彌封、謄錄、對讀各執事人員。順天鄉試設滿、漢各一人，由禮部開列侍郎以下，三品卿以上官員充任，均於鄉試年七月內奏請皇帝欽派。

監試：科舉臨場之稽查官；分設內簾監試及外簾監試。順天鄉試，內外簾監試皆以科道官充之。內簾以滿、漢各一員，龍門（考場之正門）以內及至公堂事務以滿、漢各四員，後場滿、漢各一員，均於先期行文都察院移取欽派。

內外簾官：參加鄉試之主考（正考官）以下各官及各項執事人員之總稱。按清制，凡試官入闈即封鎖，內外門之間隔以簾：在內者有正考官、副考官、同考官及內監試等，稱內簾官；在外者有監臨、知貢舉官及提調等，稱之外簾官。（註七）

凡科舉考試考生的答卷用黑筆稱墨卷，交卷後均由彌封所將試卷上姓名加封，交謄錄所謄抄朱卷。朱墨卷編印紅號，以朱卷交考官閱卷，墨卷則封貯備查。取中之卷，於發榜時由鈐榜大臣，入場考官會同知貢舉、提調等官，將中式之朱墨卷對驗紅號相符，乃拆彌封。副考官於朱卷上塡寫姓名；正考官於墨卷上塡寫名次，並將朱墨卷並黏。書吏依次唱報姓名及某省某府州縣生遍告，然後書榜。凡中式之試卷派磨勘官進行檢查，察勘試卷中有無違式犯規，或考官查卷時有無應貼出而未貼之處，稱爲磨勘；校對筆蹟、查對朱墨卷間有無訛落等，稱爲磨對。經磨勘磨對之中式卷，依「科場條例」及「現行磨勘條例」注明黏簽，交復勘大臣，復勘大臣勘畢，奏交禮部察議。奏結後若應行議處官員，交吏部議處。

三、順天府鄉試試場的紊亂

咸豐八年八月初六日，順天府鄉試入闈，舉行考試。在鄉試進行中，發生很多紊亂現象，形成不協狀況。初八日鄉試監臨景廉及御史徵麟等奏參順天府治中蔣大鏞承辦鄉試試卷遲延，糧馬通判蕭鼎禧所辦名冊復有舛錯，咸豐帝下旨「著交部議處。」（註八）八月十一日擔任鄉試提調的順天府府丞蔣達具奏因病出闈自請嚴議，並參奏順天府府尹梁同新（擔任鄉試監臨）護庇屬員，順天府治中蔣大鏞草率，通判蕭鼎禧並不照例入場，使其同黨盤踞兩所營私肥己，大興、宛平兩縣知縣偷減供給，而各委員等遇事疲玩各情。顯然順天府這次鄉試闈場內錯亂情形嚴重。摺上後奉咸豐帝諭旨：

著派瑞常會同載鶩、寶鋆逐款查明據實參奏。梁同新於鄉闈要務不知認眞辦理，任用非人，以致諸事廢弛，有心徇庇，著先行交部議處。景廉（擔任監臨）於順天所屬各員並非統轄，惟既充監臨亦難辭咎，並著交部議處。（註九）

對於稱病請辭鄉試提調一職的蔣達，除予解職送部議處，另派毛昶熙署理外並下旨嚴厲指責：

諭內閣……覽奏實堪詫異。府丞提調鄉闈是其專責，如果委員人等呼應不靈，自當與監臨和衷商榷，實力整頓。即意見不合，亦何妨專摺具奏，乃竟自稱患病負氣出闈，實屬謬妄糊塗，蔣達著交部嚴加議處。順天府府丞著毛昶熙暫行署理，接辦鄉試提調事務。（註一〇）

副都統載鶩爲了要調查此案，其內場監試御史一職著改派李培祜擔任。到了八月十八日經吏部議奏，得咸豐帝的同意，頒旨順天府府丞蔣達予以革職，監臨景廉降一級留任，而順天府府尹梁同新的應得處分俟瑞常等查明後再予議處。

奉派調查順天鄉闈辦理不協情形的瑞常、載鶩、寶鋆經過十六天的調查，報告順天府鄉試辦理紊亂情形：大興、宛平兩縣辦理供給草率，蕭鼎禧託病不入場，委員催辦遲延，府尹梁同新不能確實督導場務……等弊。咸豐八年八月廿七日奉旨如下：

己巳諭內閣……此案順天府大興、宛平二縣辦理鄉闈供給任意草率；既據查明有發價折扣情事，猶復供詞歧異，顯有抑勒情弊。所有該二縣經手吏役，著交刑部查傳嚴行審訊。大興縣知縣賀廷鑾，宛平縣知縣毛慶麟應得處分，俟刑部訊明後照例覈辦。糧馬通判蕭鼎禧既有胞弟應試，例應廻避，乃託病告假不肯入場，實屬取巧規避，著先行交部議處；其有無營私肥己等弊，著俟刑部訊明後照例辦理。委員李光瀾、李建中催辦遲延，試用經歷潘涫臨期不到，治中蔣大鏞辦理卷冊錯誤，均著交部議處。委員蕭履中等著吏部查取職名一併議處。順天府府尹梁同新身任監臨，總司場務，於派委各員既不能詳慎於先，以致疲玩草率，種種延誤，甚至規避不到之員

均未指名參辦，尤屬有心徇庇。梁同新著照吏部原議降三級調用，以示懲儆。（註一一）

同日降旨命太常寺卿吳鼎昌爲順天府府尹。（註一二）

順天府鄉試在進行中，就發生了試場裏如許多的弊端，足見咸豐朝的科舉考試已經失去了應有的嚴謹和秩序，怪不得會爆發大的舞弊案。

四、順天府鄉試弊案的發現及調查

順天府鄉試於八月舉行後，公佈中式名單，平時愛唱戲的平齡居然高中第七名，令人懷疑，而輿論譁然。遂有御史孟傳金具奏中式舉人平齡硃墨卷不符，請特行覆試一摺，這是鄉試舞弊案的首度揭發。

咸豐八年戊午科順天鄉試，滿洲人平齡中式第七名。因他平時喜歡曲調文藝，曾登臺演戲，被輕視。故中式後輿論譁然，謂戲子亦能高中令人懷疑。御史孟傳金上疏舉劾，說勘官覆勘時又發現平齡試卷草稿不全，試文策内誤字疵謬太多。（註一三）

咸豐皇帝遂於八年十月己酉（初七）頒旨：

頒硃諭，御史孟傳金奏中式舉人平齡硃墨卷不符，物議沸騰，請特行覆試一摺，著派載垣（怡親王）、端華（鄭親王）、全慶（兵部尚書）、陳孚恩（兵部尚書）認眞查辦，不准稍涉迴護，並將摺内所指各情，傳集同考官一併訊辦。（註一四）

經載垣等欽差初步調查，發現順天府鄉試之主考各官荒謬已極，而覆勘試卷應該訊辦查議的試卷，竟達五十本之多，經上奏皇帝，因此咸豐帝認爲事態嚴重，遂於十月廿六日下旨將正考官柏葰先行革職聽候傳訊，副考官朱鳳標、程庭桂均暫行解任聽候查辦。

有關柏葰違法失職部分，經欽差逮捕柏葰家人靳祥，刑訊後供稱，兵部主事李鶴齡代刑部主事羅鴻繹勾通關節，用暗記字樣的方法送與同考官浦安。浦安入闈後即按記號推薦有關試卷。李鶴齡又托靳祥向柏葰懇求，柏葰聽從，即將別人中式的試卷撤去，換成羅鴻繹的試卷，將其錄取。事成之後，同考官浦安得銀三百兩，兵部主事李鶴齡得銀二百兩。（註一五）靳祥經不起刑訊遂卒死獄中。至於平齡之所以中式，是由同考官鄒石麟違例爲平齡更改硃卷，始得錄取。（註一六）

副考官程庭桂在闈場接收條子部分，到了八年十二月廿五日，經欽差載垣等奏，稱：「程庭桂家人胡升供出，八月初六日伊家少主人程炳采交給潘、李、彭三家封套三個，令其帶進場內交給伊主人程庭桂；但程庭桂只承認收到潘鐸及李清鳳二家封套內的關節條子。唯有彭祖彝封套經反覆詰訊，堅不承認。」爲此載垣等在摺奏上請旨刑訊這二品頂戴左副都御史程庭桂，經奉旨：「著即予刑訊。」（註一七）

審訊程庭桂之子程炳采，其供稱陳孚恩之子陳景彥及潘曾瑩之子潘祖同，都有送條子給他。陳孚恩及潘曾瑩都分別具奏，自請處分。

陳孚恩因是調查本案的欽差，因此自請迴避及嚴議，並將伊子革職。八年十一月初六日奉諭：

陳景彥著即革職歸案辦理。陳孚恩並不知情，著改為交部議處。此案關涉陳景彥之處，陳孚恩著照例廻避，餘仍秉公會審毋庸廻避全案。（註一八）

潘曾瑩（工部左侍郎）自請處分的奏摺於八年十一月廿九日奉諭：

翰林院庶吉士潘祖同即革職歸案辦理，潘曾瑩改為交部議處。（註一九）

由於順天鄉試中卷疵謬，磨勘違式犯規，卷中有應貼不貼等弊，除十月廿六日將正副考官解任聽候傳訊查辦外，另於八年十二月廿五日先行責處同考官鄒石麟，副考官朱鳳標及受卷官賈鐸，其諭旨如左：

奉諭旨此次中卷疵謬，閱薦之同考官鄒石麟，著照部議，先行降一級調用。俟定案時應得之咎，由欽派王大臣定擬。取「中」之副考官朱鳳標，著照部議，罰俸一年再罰俸九個月。應貼不貼之受卷官賈鐸，著照部議，罰俸一年。均不准抵銷。（註二〇）

五、順天府鄉試弊案的審結

咸豐九年二月十三日（甲寅）載垣、端華、全慶、陳孚恩四人會審順天府科場弊案，已經先將柏葰、浦安、羅鴻繹、李鶴齡、朱鳳標、鄒石麟等分別犯案情節審訊確定。因此聯名具奏，先行定擬罪名。咸豐皇帝覽摺後，認為這件弊案關係重大，有特別讓在廷諸臣明白的必要，遂於同日在勤政殿上召見了惠親王綿愉，鄭親王端華，軍機大臣彭蘊章、穆蔭、匡源、文祥，內務府大臣瑞麟、麟魁、文彩、存佑、文豐，尙書肅順、陳孚恩、趙光、許乃普等。在諸大臣面前明白宣示諭旨：

科場爲掄才大典，交通舞弊，定例綦嚴。自來典試，大小諸臣從無敢以身試法，輕犯刑章者；不意柏葰以一品大員，乃辜恩藐法至於如是。柏葰身任大學士，在內廷行走有年，曾任內務府大臣、軍機大臣，且係科甲進身，豈不知科場定例，竟以家人求請，輒即撤換試卷。若使靳祥尙在，加以夾訊何難盡情吐露。既有成憲可循，朕即不爲已甚；但就所供情節詳加審覈，情雖可原，法難寬宥。言念及此，不禁垂淚。柏葰著照王大臣所擬，即行處斬，派肅順、趙光前赴市曹監視行刑。（註二一）

這是對大學士柏葰的處置。對於同考官浦安，已革舉人羅鴻繹，已革主事李鶴齡，依同旨著照例處斬。至於不知情的副考官朱鳳標，在闈中並不能對柏葰撤換試卷加以查詢，出場後亦不即行參奏，但念其尙無知情，從寬處以革職。而爲滿人平齡更改朱卷，使平齡錄取的同考官編修鄒石麟，同旨處以革職，永不敘用。

由於遞交條子的謝森墀、熊元培、李旦華等三名未到，故本案仍繼續調查審訊，並未完全結案。到了咸豐九年七月十七日（乙酉），經載垣等於會審鄉試案內，將程庭桂接收關節情形詳細訊明，並分別將已革大員及已革職員分別定擬罪名，會銜具奏。（註二二）以下根據該摺分別敘述：

(一)程庭桂收受關節條子的實情部分：

緣程庭桂於上年八月初六日入闈後，即有前任刑部侍郎李清鳳之子——已革工部候補郞中李旦華遣人給程庭桂家送去信一封。信內關節條子二紙，一紙係李旦華條子，一係代同籍恩貢生報捐國子監學正學錄王景麟致送條子。程庭桂之子——已革工部候補郎中程炳采收訖，外銀一百兩，程炳采因不知係伊父曾向李清鳳那借之項，仍交來人帶回。後又有已革候選通判潘敦儼送去關節條子，已革翰林院庶吉士潘祖同代工部候補郎中謝森墀送去關節條子，均經程炳采收下。程炳采並向在伊家教書之附貢生熊元培問及有無關節條子，熊元培即寫給條子後，伊家人黃太拿進彭家信一封，內條子一紙，下寫中皿字樣。程炳采因彭家係考南官，知係假冒，即將條子撕毀，並未查係何人假冒。當將熊元培條子裝在假冒彭家封套之內，令家人胡升帶進場去，共計封套四個；一係李旦華並王景麟關節條子；一係潘敦儼關節條子；一係熊元培關節條子；一係衣帳單一紙；其潘祖同代謝森墀致送條子並未帶進場去即行撕毀。胡升因伊少主人程炳采交給封套，令帶進場去，恐記憶不清，隨於封套角上註寫李、潘、彭三字。帶入場內交伊主人程庭桂。程庭桂將條子令胡升取火自行燒毀。此場外程炳采接收關節條子，場內程庭桂收受關節條子之原委也。（註二三）

(二)彭祖彝是否有代送熊元培條子？

因程庭桂家人胡升供稱，有彭家條子，但程庭桂供稱實未看見；而程炳采初到案之時即供有彭家送條子之事，且伊家人黃太亦供接過彭家送來信件；但後來卻又變成熊元培的關節條子在彭家信封內，原因為何？由於案內牽涉彭祖彝是否有代送熊元培關係條子，關係嚴重，遂再詳細會審清楚：

嚴行審訊，據程炳采供稱，伊因熊元培在伊家教書，念切賓東，適有送到假冒彭家之信，即將熊元培關節條子裝入封套之內，並告之家人胡升，稱係彭家條子。因瞞著伊父，將熊元培條子裝入假冒彭家封套內，捏說彭姓所送，故一時糊塗，說熊元培條子是彭祖彝代送。嗣將彭祖彝傳案，據稱於上年六月底，曾寫信向程炳采取得印結一紙，此後並無隻字送往程宅。及詰訊，黃太供稱，彭家送信之人，伊不知姓名，約年三十餘歲。質之熊元培，供稱委係將關節條子交給程炳采，並無轉託彭祖彝致送之事各等語。（註二四）

足見彭祖彝並無代轉。

(三)再追查審訊彭家之信係屬假冒，是否有不實不盡之處：

復親提嚴鞫，據程炳采聲稱，如彭家實有條子，必註寫南官，此係註寫中皿，是以知其假冒；當時未及查詢，即行撕毀。現經獲罪，若能查出假冒之人，豈肯代爲隱瞞，甘受刑責等語。查程炳采所供各情，揆諸情理，尚屬可信。（註二五）

復嚴訊授信的家人黃太，也無法指實送信之人及辨認所騎青騾，使彭家之信是何人假冒變成了懸案，欽差大人也無能爲力了。

(四)有關程庭桂接收關節條子一案的擬結：

1. 刑部定擬：

查辦本案的王大臣，當經抄錄各犯供招咨送刑部，其刑部覆稱簡叙，定擬如下：（註二六）

(1)有關程庭桂犯罪定擬部分：

查例載鄉試考試官及應試舉子有交通囑託賄買關節等弊，問實斬決；又聞拏投首之犯於本罪上減一等科斷；又筆載犯人不自首，若得相容隱之親屬爲首，聽如罪人自首法各等語。至向辦各項案件，當已成者，犯至斬絞；未成者，均係減爲滿流。茲查案內現犯正副榜中，並無中式，亦無挑取謄錄之人，並未侵占中額，應照未成擬罪。已革二品頂戴左副都御史程庭桂，身任鄉試考官，入闈後於家人胡升送進書信，見係條子，並不即時舉發，輒因恐誤行中式，暫行收存，迨將中卷提出核對，並無條內字樣，即行燒毀；雖接條子並未中卷，應於交通囑託關節斬罪上減一等，擬杖一百，流三千里，仍從重往新疆効力贖罪。

(2)有關程炳采犯罪定擬部分：

已革工部候補郎中程炳采，接收李旦華、王景麟、潘敦儼、熊元培等條子，轉送場內，未經中式，應於交通囑託關節斬罪上減等，擬流加遣。該革員於伊父入場後，輒敢接受條子，遞交伊父收存，情節較重，惟罪已至遣，無可復加，應從重發往新疆充當苦差，遇赦不赦。

(3)有關李旦華等遞交條子定擬部分：

已革候補郎中李旦華等，或遞送關節，或代人致送，均未中式，均於交通囑託關節斬罪上減一等，擬杖一百，流三千里。

2.**會審大員定擬**：

由於刑部的定擬各條，載垣等王大臣並不同意，尤以交通囑託關節，均以未中式爲未成而分別定擬；在交通囑託關節斬罪上減一等，擬杖一百，流三千里。爲了確立闈場禁除弊端而樹立峻法，遂加以從嚴定擬；欽差會審大員重新定擬各犯罪刑（註二七）：

(1)有關程庭桂重新定擬部分：

程庭桂身任考官，於入闈後收受關節條子，並不舉發，已屬瞻徇容隱，聽受囑託。臣等於律例雖不能周知，惟查科場舞弊，例禁甚嚴；經臣等參繹例意，原以科舉大典乃爲國以樹人，不容有絲毫情弊，是以峻其法以彰國憲，而禁場弊法至嚴也。乃程庭桂身係二品大員，於奉命掄才，輒敢收受關節，雖均未取中，何以並不舉發，實屬有意蒙蔽，其徇情作弊之心已可概見。若以未經取中即係未成，恐於例意未協。臣等仍照交通囑託賄買關節斬決例擬斬立決。可否以該員所收關節條子均未取中，稍從末減之處，出自皇上天恩。謹抄錄程庭桂親供，恭呈御覽，伏候欽定。

(2)程炳采經咸豐帝欽定：

程炳采於伊父入闈之後，竟公然接收關節條子，毫無顧忌，交家人胡升轉遞場內，既係聽受囑託，且該犯身非考官舉子，應以一經接收關節轉遞場內，即係已成，中與未中，其權不在程炳采，尤難以已中未中區別罪名，應將程炳采照交通囑託關節斬決例擬斬立決。

(3)李旦華等應得罰名部分：

李旦華等應得罪名，臣等已於二月十三日面奉恩旨：「李旦華等均著加恩免議死罪……。」臣等謹恪遵諭旨，將該革員等免議死罪，應將工部候補郎中謝森墀，恩貢生報捐國子監學正學祿王景麟即行革職。熊元培革去附貢生，與已革候補郎中李旦華，已革候選通判潘敦儼，已革翰林院庶吉士潘祖同，均發往新疆効力贖罪。咨送兵部轉發。

(4)程庭桂家人胡升、黃太、李貴等部分：

胡升受雇程庭桂家服役，聽從程炳采囑令將關節條子帶進場內，雖訊無情弊，究屬知情，應於程炳采斬罪上酌核遞減，擬杖一百，徒三年，剳交順天府定地充徒至配折責拘役。黃太、李貴接送書信，不知內係條子，均免置議。

(5)李旦華之父李清鳳，潘祖同之父潘曾瑩，均已奉旨交部議處，潘鐸於伊子潘敦儼私送關節條子，相應將潘鐸交吏部議處。其他內外簾執事各員，有無應議處，奏請禮部按照科場條例據實查明，開具銜名，移咨吏部等衙門分別議處。

3.**咸豐帝降旨懲辦大臣**：

怡親王載垣等於七月十七日所上的這份定擬奏摺，等於是戊午科順天鄉試弊案最終的審結。咸豐皇帝非常重視，如同二月十三日一樣，親臨勤政殿，召見惠親王綿愉，怡親王載垣，鄭親王端華，兵部尙書陳孚恩，軍機大臣穆蔭、匡源、文祥，對於載垣等奏科場案內，審明已革大員並已革職員等定擬罪名一摺，宣布諭旨。首先同意會審王大臣的看法，認爲「科場爲掄才大典，考試官及應試舉子有交通囑託賄買關節等弊，問實斬決定例綦嚴，不得以曾否取中分別已成未成。」（註二八）因此對於涉案的官員，都一本嚴厲懲處。

咸豐皇帝降旨懲辦科場案內審明已革大員的內容，分別敘述如下：

(1)有關程庭桂、程炳采父子部分：

此案已革工部候補郎中程炳采，於伊父程庭桂入闈後，竟敢公然接收關節條子，交家人胡升轉遞場內，即係交通囑託關節，情罪重大，豈能以已中未中強為區別。程炳采著照該王大臣等所擬即行處斬。已革二品頂帶副都御史程庭桂，身任考官，於伊子轉遞關節並不舉發，是其有心蒙蔽，已可概見；雖所收條子未經中式，而交通已成，確有實據，即立予斬決，亦屬罪有應得。惟念伊子程炳采已身罹大辟，情殊可憫，若將伊再置重典，父子概予駢首，朕心實有不忍。程庭桂著加恩發往軍臺効力贖罪。此係朕法外施仁，並非從死罪遞減；亦非因其接收關節未經中卷姑從末減也。（註二九）

(2)有關致送關節之謝森墀等員部分：

其致送關節之謝森墀等，本應照科場專條治以死罪，惟與業經正法之羅鴻繹等尚屬有間，工部候補郎中謝森墀，恩貢生報捐國子監學政學錄王景麟均著革職。熊元培著革去附貢生，與已革候補通判潘敦儼、已革翰林院庶吉士潘祖同、已革刑部候補員外郎陳景彥，已於二月加恩免其死罪，著照所擬均著發往新疆効力贖罪。（註三〇）

(3)有關李旦華及潘敦儼之父潘鐸：

李旦華之父，前任刑部侍郎李清鳳，現在原籍病故，著該部查明李旦華如家有次丁，即於百日後起解；如家無次丁，著俟安葬伊父後，再行發遣。降調湖南布政使潘鐸，平日訓子無方，著交部議處。（註三一）

(4)其他應議鄉試監臨專司稽查及內外帘執事各員並搜檢王大臣，咸豐皇帝亦降旨，著禮部按照科場條例據實查明，各該員所司何事應議之處，詳晰開列銜名具奏再降諭旨。（註三二）

由於未能究出彭家之信是何人假冒，載垣等片奏請旨議處，咸豐皇帝亦降旨將載垣、端華、全慶、陳孚恩等「著交宗人府吏部照例議處。」（註三三）

順天府戊午科鄉試舞弊案的調查議處懲犯，到此告一段落。

六、結　論

經過上述的探討，使我們了解清代咸豐朝戊午科鄉試弊案，除了應試舉子勾結考官，有遞送關節囑託之事，有撤換中式朱卷之事，有代爲更改朱卷之事；而且考場內試務官員執事，辦理紊亂。足見咸豐朝末年科試弊端叢生，士子不擇手段以求倖進的不正風氣盛行，社會風氣敗壞已極。居然順天鄉試的主考官柏葰以一品大員，竟以家人請求而干犯違法大罪，終遭大辟；但仍然有人認爲柏葰死得冤枉，是受肅順、端華、載垣等夾其私讐，擅作威福，致柏葰罹重辟，連咸豐皇帝也「不禁垂淚」。但就整頓科試及端正科場風氣來說，處理順天鄉試弊案的作爲，顯然有懲一儆百的作用，眞如當時有人說：「從此以後，遂無人敢明目張膽，顯以『條子』私相授受者。」（註三四）科舉考試，是朝廷掄才大典，舞弊固當嚴懲，防微杜漸更爲重要，所以咸豐朝戊午順天鄉試舞弊的嚴厲懲處，確實是一件振奮人心的事，使科舉考試有振衰起敝的效用。

【附　註】

註　一　《清代起居注冊》〈咸豐朝四二冊〉八年八月初四日條。（聯合報文化基金會國史文獻館印行，民七十二年十二月。原本藏國立故宮博物院。）

註　二　《清史稿》卷三八九，列傳一七六，頁一一七一九，〈柏葰傳〉（洪氏出版社印行，民七十年八月一日）。

註　三　同註二，卷三九〇，列傳一七七，頁一一七三一，〈朱鳳標傳〉。

註　四　《清史》卷一八五，頁二七七九〈部院大臣年表〉（國防研究院印行，民五十年三月）。

註　五　同註一，八年八月初六日條。

註　六　同註一。

註　七　《清代六部成語詞典》〈禮部成語〉頁二三五、二三六。（天津人民出版社，一九九〇年十月）

註　八　《清實錄》四十三，〈文宗顯皇帝實錄〉四，卷二六〇，頁一〇三九，咸豐八年八月庚戌條。（中華書局影印一九八七年一月）

註　九　同註八，卷二六一，頁一〇四四，咸豐八年八月癸丑條。
註一〇　同註九。
註一一　同註八，卷二六二，頁一〇六六，咸豐八年八月己巳條。
註一二　同註八，卷二六二，頁一〇六七，咸豐八年八月己巳條。
註一三　《清帝列傳》附冊〈清朝典制第五章學校與科舉〉頁三七六。（吉林文史出版社，一九九三年五月）
註一四　同註一，〈咸豐朝四三冊〉八年十月初七日條。
註一五　同註一三，頁三七七。
註一六　同註一五。
註一七　宮中檔咸豐朝奏摺第〇〇九九〇九號，咸豐八年十二月廿五日，載垣等摺。
註一八　同註八，卷二六九，頁一一六三，咸豐八年十一月丁丑條。
註一九　同註八，卷二七〇，頁一一九〇，咸豐八年十一月庚子條。
註二〇　同註一〈咸豐朝四四冊〉八年十二月廿五日條。
註二一　《清實錄》四十四，〈文宗顯皇帝實錄〉五，卷二七六，頁五〇，九年二月甲寅條。
註二二　宮中檔咸豐朝奏摺第〇一〇九一六號，咸豐九年七月十七日載垣等摺。
註二三　同註二二。
註二四　同註二二。

註二五　同註二三。
註二六　同註二三。
註二七　同註二三。
註二八　同註二一，卷二八八，頁二三〇，九年七月乙酉條。
註二九　同註二八。
註三〇　同註二八。
註三一　同註二八。
註三二　同註二八。
註三三　同註二八。
註三四　《清帝列傳咸豐同治帝》〈艱難的開端〉，頁五三。（吉林文史出版社，一九九三年六月）

清代咸豐朝浙江藩司椿壽自盡原因探討

一、前　言

清咸豐二年十一月初九日卯刻浙江省布政使（藩司）椿壽家人赴各署報稱藩司自縊身故。當時浙江學政萬青藜接獲通報即前往藩司探視。見椿壽亦已氣絕無可救療。萬青藜與椿壽係道光庚子科（道光二十年）正科同榜進士，在京時亦常往來。因此萬青藜對於椿壽自盡一事也特別重視，即於咸豐二年十一月初十日具奏向清文宗報告探視經過，並將椿壽身邊的遺囑抄錄附呈。遺囑中內有一句頗令人疑惑即「今因情節所逼，勢不能生。」（註一）所稱「情節所逼」未能指實，啓人疑竇，爲此清文宗在萬青藜的奏摺上硃批「知道了。已有旨令黃宗漢（浙江巡撫）詳查具奏。汝近在省垣若有所聞，亦可據實具奏。」（註二）清文宗於十一月二十一日頒諭旨云「又諭黃宗漢……而椿壽遺囑內有情節所逼勢不能生之語，並未指明係何情節。該司以二品大員即令公事難辦何至遽行自盡，是否另有別情，著該撫再行詳細訪察據實奏聞，毋稍隱飾。」（註三）顯然椿壽自盡的原因頗令人費解，值得探討。

二、椿壽的自盡前後

椿壽於咸豐元年九月自湖南調任浙江布政使，官品從二品，猶今之各省民政廳長兼財政廳長，事務繁忙。咸豐二年浙江巡撫原來是常大淳。五月初十日常大淳遷，黃宗漢任浙江巡撫，未就任前，由椿壽署理，七月黃宗漢到任，椿壽便除去署任。由於椿壽一向患有肝病，咸豐二年三月因寧波府有匪徒滋事，椿壽因憂債焦勞舊疾舉發，後來梟犯就獲而地方平靜。椿壽經藥物調理，病體漸就痊癒，但其因深慮公事棘手恐有貽誤而精神始終未曾復元。九月下旬椿壽肝疾復發，曾請假數日，後即銷假上班。十月下旬又因肝病請假，並具稟浙撫奏請開缺以便調養，但爲黃宗漢慰留而打銷辭意。十一月初六日椿壽銷假勉力上班，但對於公事焦急情形卻益形迫切，遂於初九日晚在署內自縊。次日卯刻黃宗漢經藩司家人通知後親往探視並經設法療救罔效。椿壽任所親人祇有妻室一人，及在京讀書子一人。並留有遺書數紙。身後蕭條，誠屬悲戚。椿壽自縊情形，請看浙江巡撫黃宗漢於咸豐二年十一月初十日具奏的「奏報藩司自盡事」的摺子：

……竊照藩司椿壽自上年（咸豐元年）九月由湖南調任浙江。諸事實心經理克愼克勤。臣於本年七月到浙。接見該司述及向患肝病。三月間因寧郡匪徒滋事，憂債焦勞舊疾舉發。嗣梟犯就獲地方平靜，調理漸就痊可，而精神尚未復元，深以公事棘手恐有貽誤。九月下旬舊疾又發，請假數日即於銷假。至十月下旬又經請假，旋據具稟奏請開缺，臣以肝疾不難調理，該司年力正強，勸其養息數日即可相助為理。該司亦以受恩深重不敢遽行引疾，於本月初六日銷假勉力從公。臣見其病體尚可支持，而談及公事焦急情形更為迫切。不料初九日卯刻據該司家人稟報，該司於夜間在署自縊。臣即親往覆視，設法療救無及惋惜實深。當據該家人呈遺囑一紙，臣謹照繕恭呈御覽。該司居官清慎家計蕭條，任所親屬祇有妻室一人，伊子舉人英奎在京讀書。一切身後事宜臣已飭府縣妥為經理。所有藩司自盡出缺緣由並懇恩俯念員缺緊要，迅賜簡放以重職守。……（註四）

本摺後附呈椿壽遺囑內容與萬青藜同日奏摺相同此處先不抄錄。

浙江省學政萬青藜同日（咸豐二年十一初十日）亦具奏藩司椿壽輕生自盡留有遺囑摺，內容如后：

竊臣與藩司椿壽係道光庚子科（道光二十年）同榜進士，在京亦常往來。臣抵任數日，聞該藩司患病呈請開缺，即往看視，診係肝氣舊疾，勸其醫藥調理可期速瘳。該藩司云渥荷聖恩亟圖報效惟恐力疾誤公。嗣因撫臣未准開缺，調理數日亦已銷假當差。茲於初九日卯刻伊家人赴各署報稱，該藩司自縊身故。臣署與該司最近，隨即往視，見已氣絕，無可救療。於伊身邊得書云：「字囑太太知之。我受皇上重恩，調任浙江辦理一切公務，雖才識短淺，然無日不兢兢業業秉公持正不留餘力，此心天日可表。今因情節所逼勢不能生，我死後你須守我靈柩回京，方盡婦道且見得人。我雖虧你，你勿負我。惟是任無資財，家有帳累。日後只有認命受苦而已，椿壽遺囑」等語。據該藩司繼室瓜爾佳氏稱，伊夫牀上亦得二紙，比取校對語句皆同。當詢伊家人因何情節所逼，未能指出。復問該氏，據云伊夫每因公事焦急寢食不安，時言心可對人，事實難辦，餘無別情。伏思該藩司係二品大員有何逼迫致不能生。乃爲公事棘手遽行自盡深堪憫惻。臣目擊情形。謹繕摺奏聞伏祈皇上聖鑒謹奏。（註五）

本摺奉清文宗硃批「知道了，已有旨令黃宗漢詳查具奏。汝近在省垣若有所聞亦可據實具奏」（註六）。後來黃宗漢具奏藩司的自盡原因，卻是「該司因庫款不敷，漕務棘手到肝疾舉發，因而自盡並無別情報聞」（註七），咸豐皇帝也不再追究了。如此藩司二品大員自盡的大事也就不了了之。

三、椿壽自盡原因探討

浙江巡撫黃宗漢於咸豐二年十一月十日除奏報藩司椿壽自盡事本摺外，另有一附片是奏報浙省錢漕諸務情形。黃宗漢爲了讓咸豐皇帝了解，椿壽虧空庫銀錢糧，同時他在署理浙江巡撫時期（咸豐二年五月至七月），湖州府所屬八幫漕船水淺未能開行，由他奏請留浙變價。若照部議每石以二兩變賣，與市價相去懸殊，將來浙屬大小各官均遭賠累等問題，詳細陳明。黃宗漢一方面爲自己脫罪，一方面對椿壽落井下石，使人更確定椿壽是爲庫款不敷，漕務棘手而自盡，不會想到黃宗漢的逼迫上去。其附片詳見於后；

再浙江錢漕諸務支絀萬狀歷有年所。從前官茲土者，遇有無從措手之際，往往情急難堪。臣前任浙臬時（道光末年），亦曾目擊情形。本年履任之始，查核各庫入不敷出，更甚於前。維時運庫存銀僅止二三萬兩。糧道庫存銀僅止四五千兩。藩庫爲錢糧總滙，雖經力催征解，存銀數十萬兩。本年奉部撥款較多，年內應行支解不容延緩之款，除雲南銅本已由臣咨部改撥銀二十五萬兩尚未接到部覆，此外尚短銀三十萬兩。際茲久旱歲歉征解不旺，竟有難以敷衍之勢。臣與藩司椿壽同深焦煬。第當此積重難返，臣惟有恪遵聖諭緩緩辦理以圖報稱；該司則挑遣不開，時時深恐辜負天恩。又因前在署撫任內，湖州府所屬八幫漕船水淺未能開行，奏請留浙變價，以現在情勢而論，若照部議每石二兩變賣，核與市價相去懸殊，將來大小各官均遭賠累，且前此開行即滯，目下變價又難。雖合商飭令糧道周起濱帶同委員前赴江蘇漕船停泊處所，查看能否折回變賣設法籌辦，而該司終恐貽誤日前，焦思寢食俱廢，以致迫切輕生，情殊可憫。臣忝膺重任才識庸愚，不敢因難畏葸。惟當督飭司道，悉心籌畫，冀全大局。倘有萬分棘手之處，隨時奏明籌辦，或可補救於萬一。所有浙省實在情形，謹附片陳明伏乞聖鑒謹奏。咸豐二年十一月二十一日奉硃批知道了欽此。（註八）

浙江巡撫黃宗漢這一附片，透露了藩司椿壽焦慮不安的事情至少有下列幾項值得注意：

㈠巡撫履任之初，查核藩庫銀兩入不敷出，情況緊急。

㈡年內部撥庫銀含報部改撥共須銀五十五萬兩，但現在運庫銀兩只有二、三萬兩，顯然相差懸殊。

㈢浙江一帶因久旱不雨歲歉嚴重，徵解不旺，顯然靠百姓徵解錢糧絕對無法彌補。

㈣藩司椿壽在署理巡撫期間，因湖州府屬八幫漕船水淺未能開行，自行奏請留浙變賣。但每石市價與部議價每石二兩實相去甚遠。八幫漕船所運漕米必定數目龐大，也絕非藩司一人所能賠得起的，而且還遷累其他官員受到賠罰，使藩司更焦慮無比。顯然這件事與黃宗漢無關，藩司午夜想起更是擔心受怕無法挑遣得開。

㈤從這一附片奉硃批日期與奏報藩司自盡的本摺奉硃批相同來看，都是藩司自盡以後才奏發的。浙省錢漕諸務艱難情形，應該是早存的現象，應當早該具奏讓皇帝知道並謀求解決之道，何以在藩司椿壽自盡後纔向皇帝報告，以自求脫罪，顯然以一省主管來說既沒有擔代更無替椿壽解決問題的用心，只在自求脫罪，並諉過於藩司椿壽。

㈥黃宗漢在附片裏，表明自己做事原則是「遵循聖諭緩緩辦理以圖報稱」，「臣忝膺重任才識庸愚，不敢因難畏葸。惟當督飭司道悉心籌畫冀全大局，倘有萬分棘手之處，隨時奏明籌辦或可補救於萬一。」（註九）足見浙省錢漕諸務問題不是很嚴重的。在藩司椿壽內心焦慮及舊疾復發時，黃宗漢並未加以疏解和安慰，甚至可能還加以逼迫哩！當藩司椿壽自盡後，黃宗漢即疏請未變價的漕船原米隨新漕運京，獲得允許，很輕易的解決了。（註一〇）

根據上述史料的引證，試就椿壽自縊身亡的原因分本身的原因及外在原因分析於后：

㈠椿壽本身的原因：

1.椿壽本身患有肝病，並未適時有效調養，並有日益嚴重的趨勢，雖曾稟請開缺調養，但未爲浙撫同意轉請，藩司不得不以皇恩浩大抱病從公，而其內心不安，病體更不得調養好轉。

2.椿壽是個負責盡職的官吏，既未曾有推卸責任的想法，而且是操守清廉的好官，椿壽自己把自己推入死胡同之中無法自拔。

(二)外在的原因：

1.浙江省錢漕諸務支絀、有入不敷出的現象。本來浙省錢漕艱難是個歷年所有的老問題，不是因爲椿壽才能低劣，而使藩庫短缺，征解困難。椿籌並沒有自盡的必要。

2.藩司椿壽署理撫任期內，湖州府所屬八幫漕船水淺未開行，而自請留浙變價，可能使上下官吏共同賠累。由於漕船水淺不能開行，奏請留浙變賣，也是個不得已的措施，實非到自盡的地步。

3.由於浙撫黃宗漢，首任巡撫之職，爲求表現，特別清查藩庫，獲知藩司短缺銀兩，因此施壓予椿壽，設法彌補，何況漕米折現，賠累甚鉅，故逼得椿壽走頭無路，只有自盡以求解脫。

四、結　論

椿壽的自盡原因雖然很多，但未能遇到一個有擔代肯負責的上司是最重要的原因，甚至在主官要求表現的心態下更是不幸。雖然椿壽是個盡職負責的官吏，而他的自盡並沒有引起多大的影響，也毫無代價。相反的，黃宗漢後來卻屢遷四川總督，兩廣總督兼通商大臣。後因交結載垣、端華、肅順等，並曾危詞力阻同治皇帝兩宮太后迴鑾。於咸豐十一年遭下詔革職永不敘用的結果。黃宗漢心術不正自然沒有好的下場。

【附註】

註一　〈故宮宮中檔咸豐朝奏摺〉第〇〇二八一五號見《宮中檔咸豐朝奏摺》第六輯二三八頁。咸豐二年十一月初十日浙江學政萬青藜摺。（國立故宮博物院印行）。

註二　同註一。

註三　《咸豐朝實錄》卷七十七，頁二。〈咸豐二年十一月廿一日上諭〉。

註四　〈故宮軍機處奏摺〉第〇八七六四六號。咸豐二年十月十日浙江巡撫黃宗漢摺。

註五　同註一。

註六　同註一。

註七　同註三。

註八　〈故宮軍機處奏摺〉第〇八七六四七號浙江巡撫黃宗漢摺片。

註九　同註八。

註一〇　《清史》卷三九五，頁四六五八，〈黃宗漢傳〉（國防研究院印行）。（民國六十年十二月台二版）。

附錄一

談清代的耤田禮

我國是世界上發明農業最早的國家之一，更是古文明農業起源中心，並稱以農立國。故中國歷代帝皇都非常重視祭先農，並躬行「耕耤」之禮。清帝自世祖起，每歲孟春，必定擇期親詣或遣官行禮先農壇，並親耕耤田以昭重農而貴粟之意。

先農是指神農，神農肇興農事，故稱先農亦稱田祖、先嗇。〔周禮〕云：「始耕田者、始教造田」即謂田祖也；而先爲稼穡故又謂之先嗇也。神農氏生於姜水，以姜爲姓，始用耒耜，教民務農，神其農業，故尊稱神農氏。農業是中國民生之本，因此先農受歷朝皇帝尊崇祭祀，皇帝行耕耤之禮前，必先親詣先農壇，行禮頌祝文以祈物阜民安。

清代先農壇又名山川壇，在北平內城正陽門外西南，外城永定門之西與天壇相對，四周有六里的垣牆纏繞著，其中除先農壇之外尚有太歲壇，耕耤田，旗纛廟，神倉。先農壇是正方形，南向、面積方四丈七尺，壇高四尺五寸，四面有石階上下，石階各有八級。先農壇的北方有觀耕臺，當皇帝躬耤田之後，升登觀耕臺，以閱視從耕三王九卿的耕耤田，依次都完畢後，順天府府尹等率地方父老、耆年農民向皇帝謝恩，皇帝即在此臺上受禮。觀耕臺面積有方五丈，高有五尺，臺面上舖有甃金磚，四面圍著黃綠琉璃瓦，東西南三面有階梯各八級，臺上四周繞立石闌柱，以便憑闌觀耕。觀耕臺的前面是皇帝親耕的耤田。觀耕臺的後面，就是皇帝祭祀先農壇之後，更衣的具服殿。此殿共有五間房，到民國六年改爲誦豳堂，似取〔周禮〕春官籥章云：「凡國祈年于田祖，歙豳雅，擊土鼓以樂田畯」之義。誦豳堂南向，東西南各有階梯通出，南階有九級，東西石階只有七級。清代祭先農之神，每年舉行，直至宣統三年三月辛亥，尙沿行不輟，該年遣莊親王載功行禮。

耕耤謂耕帝籍也，帝籍爲帝親耕之田。〔禮記〕月令：「帥三公九卿諸侯大夫躬耕帝籍：天子三推，三公五推、卿諸侯九推。」注「帝籍爲天神借民力所治之田」。歷代至孟春皆有耕耤之禮，以示天子重農親民。耕耤之禮，先由皇帝躬親執犁三推三反，從耕以次進行，王公五等諸侯五推五反，孤卿大夫七推七反，士九推九反，末由籍田縣令率其所屬耕畢。歷代耕耤儀制雖有不同，但都大同小異。

清代行耕耤之禮，開始於清世祖順治十一年（一六五四）。該年的正月丁巳（廿六日），禮部奏進皇帝登先農壇，親耕耤田的儀注。經世祖允准後，擇定次月（二月）丙子（十五日）舉行。當日世祖登先農壇，祭先農行禮，頌祝文，祝文的內容：「維神肇興農事，利賴萬年。茲當東作，躬耕耤田，願錫大有，物阜民安。謹以牲帛醴齊之儀，用申祭告。」，祀先農壇儀畢，御具服殿更衣，再到耕耤所，世祖面朝南而立，原已欽定的三王九卿作爲從耕。俟從耕者就位後，戶部尙書執拿耒耜，地方府尹（順天府）拿著牛鞭，都跪著北向呈給世祖。世祖便秉持耒耜、牛鞭，三推三返後，再由尙書接過耒耜，府尹接受牛鞭。世祖即登上觀耕臺，朝南向而坐。世祖耕好的地龍，由府丞奉青箱，戶部侍郎在旁播種，再由耆老農夫隨後將土覆上。三王九卿都按序排列準備犁田，三王秉耒耜五推五反後，再由九卿執耒耜九推九反，都是由府尹官屬分別拿著青箱播種，耆老農夫隨後覆土。隨後世祖便要到齋宮，這時府尹官屬及衆耆老向世祖謝恩行禮，而後面農夫三十人拿著農具也跟著行禮，禮畢後，農夫們隨從府縣官，再出到先農壇前耕耤所，繼續耕田播種。（這項謝恩行禮儀式，直到清嘉慶十六年二月二十八日，才有所變更。清仁宗認爲，向來耕耤典禮於親耕後，升觀耕臺閱視從耕三王九卿以次完成後，由順天府尹等率父老耆民謝恩，當時父老等都散布耤田，招集需時，行禮也很匆促，實未足以敬肅觀瞻。所以仁宗下旨：「嗣後著順天府尹等，應該事先要父老耆民整齊排列，於皇帝親耕後，升觀耕臺時，就率領到臺下先行謝恩。禮畢後皇帝再閱從耕，以示整肅觀瞻。」以後各朝便按此實行。）世祖在齋宮賜王公坐。（齋宮是明初建成的，清乾隆七年重修。歷朝皇帝祀天時先一夕都宿於此宮齋戒。）等到農夫們耕完了耤田，執事鴻臚卿奏報耕耤禮成，百官向世祖行慶賀禮，世祖賜王公耆老宴，並賞賜參加耕耤典禮的農夫們每人布一匹。世祖便在音樂聲中還宮，結束了耕耤之禮。等到當年秋天，播種的禾穀豐登，由所司奏聞，便擇日收貯先農壇旁的神倉，以備來日作祭祀的粢盛（穀）。自此後清代遂定每歲祭祀先農。世祖順治朝往後於十二年二月甲戌（十九）十三年三月庚辰（初一）、十四年二月丙戌（十三）、十五年二月丙戌（十九），十六年二月庚辰（十九），十七年二月丁未（二十二），十八年二月丁未（廿七）都是遣官祭祝先農之神，但世祖自己再沒有親詣先農壇及躬耕耤田了。他的兒子聖祖康熙帝，在位六十一年，每年也俱遣官詣先農壇，祭先農之神，而從未親詣。而世宗雍正帝除雍正元年二月乙亥（廿五）是遣官祭先農神外，其他十二年都親詣先農壇，並躬耕耤田，除應行的三推三反後，再加一推，禮畢，樂工歌皇帝作的新詞三十六禾詞，並賞賜農夫布各四匹成訓。耕耤之禮自世宗以後，遂定每年仲春亥日舉行，並自清高宗三年二月辛亥起，成爲天子四推。到了乾隆三十七年清高宗下旨仍依古制，行耕耤皇帝仍三推三反。而清仁宗嘉慶朝後仍復行四推四反耕耤，以迄清末。

清代帝王行耕耤禮，有兩次値得記述的：

乾隆四年（一七三九）三月辛亥（初五），清高宗依例親詣先農壇行禮並躬行耕耤之禮。雖然整個過程並沒有耽擱及違失，但由於一路上天公不作美，下著豐沛春雨，四處泥濘，使得隨從官兵衣履沾濕，耆老農夫犁田播種倍加艱辛。高宗爲體卹他們的辛勞，當時就下旨由莊親王大學士們議奏，議好就得旨允行，立即頒旨施恩：一路上擔任警戒及清道以止行人的護軍參領有五十員，以及修道的協尉等官有二百零一員，各賞給緞一疋。警戒清道的護軍校，護軍有八百四十名，及步軍統領衙門派出的步甲有四千六百五十五名，各賞給半月錢糧。順天府的耆老農夫等有九十四人，則各賞銀貳兩。除了親王、九卿外，其他隨高宗祭祀的人，等於通通得了賞賜，受賞的人數達六千零二十人之多。總之，這次清高宗出警入蹕的車駕隊伍何其莊盛，整個耕耤之禮動員人數，又這麼多，足見清高宗多麼重視農耕及體卹下情了。

嘉慶二十年（一八一五）三月丁亥（初一），清仁宗照例祭祀先農，先詣先農壇行禮，然後再行躬耕耤田之禮；但順天府所備牛隻，極不馴習，更換備用的副牛，仍不服馭，經御前侍衛十餘人勉強驅駕，才辛苦的完成四推四反之禮。清仁宗登觀耕臺，閱視從耕，但進行中所用耕牛，也都不馴，甚至奔逸者達三隻之多，幾乎不能完成典禮。當日清仁宗非常震怒，下旨嚴加切責云「耕耤爲卲農大典，順天府供備牛隻，平時不勤加演習，玩忽從事。著將專司供辦之大興縣知縣沈守恆，宛平縣知縣張治，俱先行革去頂帶，交部嚴加議處。順天府府尹費錫章係專轄之員，著交部嚴加議處，劉鐶之係兼管之員（劉鐶之係大學士劉統勳之姪，留任兼管順天府府尹事）著交部議處。所有此次一切例賞概行停給，嗣後該府尹等當督率所屬先期教演，敬謹將事以重典章。」大興縣知縣沈守恒，宛平縣知縣張治經部議革職，命順天府府尹等迅速揀員調補。原順天府府尹費錫章經部議降三級調用，而仁宗念他因逆匪林清等潛入禁城一案，一年來督緝匪犯，尙屬奮勉，獲逆犯多名，因此恩改爲革職留任。次年三月丁亥（初七），仁宗躬耕耤田時，因順天府尹費錫章等，所供牛隻已服習馴擾，一切祭祀禮儀都完全齊備，清仁宗遂將費錫章原來革職留任的處分，遂改爲降二級留任。但想不到第三年的三月，費錫章卻驟然溘世殊爲可惜，清仁宗加恩費錫章，賞加兵部侍郎銜，照侍郎例給予卹典。

經由上述兩件清帝耕耤田的記載，使我們了解清帝每歲祭先農壇並親耕耤田，都表現出非常愼重莊嚴的樣子，特別是典禮儀式絕不准偷工減料，如果執事有司，不遵古禮勤加演練，必遭到嚴厲處分；認眞遵禮施行必獲重賞。總之，皇帝詣先農壇行禮並躬耕耤田，都是卲農勤耕的方法，以祈全年物阜豐登，民生樂利。

附錄二

清代通行公文書

國立故宮博物院現藏文物計有六十四萬餘件（冊），其中清代文獻檔案有三十九萬餘件（冊），幾佔院藏的百分之六十。這些文獻檔案雖沒有器物、書畫的光彩美麗引人注目；但就研究清史者來說確實是稀世的瑰寶，以每件文獻檔案而論都是舉世無雙的珍品，更是研治清代歷史的第一手史料。故宮清代文獻檔案，由於數量甚夥，種類幾達百餘種，現就以其中數量大、範圍廣，價值最高的宮中檔奏摺，做一個簡單介紹，使國內外讀者瞭解其重要性，進而加以利用，以達到檔案使用的價值。

奏本與奏摺

宮中檔奏摺，主要爲清代各朝君主親手御批及軍機大臣奉旨代批的滿漢文奏摺及其附件。國立故宮博物院現藏有宮中檔奏摺，計漢文摺十五萬五千七百三十件，滿文摺二千八百零五件，總共十五萬八千五日三十五件。自清康熙朝以迄於宣統朝、各朝皆有。宮中檔奏摺，是清代臣工具摺奏事，經皇帝御批後發給原具奏人，起先並未收繳，但自清世宗雍正皇帝即位後下諭始命內外臣工將御批奏摺查收呈繳入宮中收藏，故名曰宮中檔奏摺。

中國歷代以來文武大臣呈遞君主的文書，如表、章、疏、奏、封事等名目甚多。明太祖將政言司改置通政司，受理章、疏、封駁諸事。明初遂定制：臣工具疏上聞，其上於君主稱爲奏本，上於東宮稱爲啓本，至於公事則例用題本，所謂「公題私奏」也。兩者使用範圍不相同，凡內外各衙門一應公事使用題本，必須鈐印具題；而臣工本身私事則使用奏本概不鈐印。清代沿用之，奏本到乾隆十三年始廢。原來奏本與題本定例均須由通政司轉呈，但後來由奏本演變因革損益而來的「奏摺」，俱不經通政司，例應直達皇帝御覽，或逕至宮門遞進，或由君主親信大臣轉呈。當奏事處設立後，即由奏事官員接收進呈。「奏摺」使用範圍較「奏本」廣泛，內容不分公私，凡涉及機密事件，或多所顧忌，或有滋擾更張之請，或有不便顯言之處，或慮獲風聞不實之咎等，都在摺奏之列。「奏摺」的遞呈也有一定程序，臣工繕摺必須焚香沐浴恭敬親書。書摺畢，即裝入封套內，外包黃紙，貯於摺匣後加鎖，並裝墊黃褥，外用黃綉袱包裹。所用的摺匣、袱褥、鎖匙等，俱由內廷頒賜。摺匣損壞時必須連同鑰匙繳還內廷，但事先必須奏請更換，獲准後始得更換，遺失當遭重處。若臣工摺匣不敷使用，而內廷尚未添發，可以使用夾板綑縛，再用綾幅包裹遞呈。奏摺如有應速遞呈的公事，在外省准其由驛站馳遞；至於尋常事件，雖係督撫大臣亦不得擅動驛馬，僅能令齋摺千總、把總，或親信家丁自備腳力進京遞呈。

清代繕摺具奏人的資格，在清世宗前限制較嚴，只限京中滿漢大臣及科道各官，各直省只限總督、巡撫，各地將軍、提督、總兵（鎮臺）等才能使用奏摺。世宗踐祚之後才放寬限制，亦准許各省布政使（藩司）、按察使（臬司）及道員、知府、副將、參將等微員用摺奏事，而放寬採行奏摺制度的主要原因，鑒於傳統的本章制度礙於政府體制，非壅即洩的弊端，並欲於直省督撫與司道上下之間以及地方與中央內外之間維持一種制衡作用。因此一奏摺制度的運用結果，使君主的耳目遍佈於京中及各省。藩臬兩司一應尋常例行公事固應具詳督撫具題。惟因藩臬道府等微員可以專摺具奏，不經督撫直達御前，督撫等既知顧忌，則地方公私事件無論鉅細，俱不敢欺隱，對澄清吏治不無裨益。君主控制中央及地方利用奏摺形成一張牢不可破的網，這便是奏摺制度的效用，清代的政治也可稱爲「奏摺政治」。

宮中檔奏摺的分類；依使用文字的不同可分爲漢字摺、清字摺即滿字摺、與滿漢合璧摺。清代滿漢大臣因文字表達能力的不同，准其使用漢字或滿字繕具奏摺；但滿洲大臣辦理滿蒙藏等事件，例應使用滿字摺，其中武職人員尤應繕寫滿字摺。至於滿漢合璧摺，多係各部院滿漢大臣公同會議的奏摺。依奏摺使用紙張的不同可分爲黃綾摺、黃紙摺、白綾摺及素紙摺。奏摺封面封底多裱用黃綾絹稱爲黃綾摺；而摺紙使用黃紙則稱爲黃紙摺。凡遇恭請聖安、祝壽時，臣工爲表示恭敬鄭重都用黃綾摺或黃紙摺。白綾摺係奏摺裱用白綾絹者，僅限皇帝或皇太后駕崩，新君即位，文武大臣瀝陳下悃，敬表慰問孝思時使用。素紙摺，即白紙摺，用於一般奏事、密摺、謝恩等情，偶爾也用黃綾摺，但件數不多。再依奏摺的性質功能相異來分，有請安摺、謝恩摺、奏事摺、密摺。請安摺用以恭請聖安，有時兼用以祝壽、或瀝陳下悃，敬表慰問孝思時使用。謝恩摺，臣工奏謝皇帝恩賞福字、詩文、頂帶（頂戴）、書冊、珍品、膳食、藥品，及調補陞轉、減罰、封贈等均須具摺謝恩。奏事摺與密摺：具奏的範圍甚廣，如報告雨水糧價、銓選、遷調、考課、封蔭、旌表、錢糧、捐納、陛見、河工、京控、耗羨、地方賑災、漕運、海運、地方盜賊緝捕……等。

極有價值的史料

總之，宮中檔奏摺不僅是清初以來的通行公文書，也是君主廣諮博採的重要工具。臣工凡有聞見，無論公私事件，俱應據實奏聞，以便君主集思廣益作爲施政的參考。各省督撫、提鎮、司道等員，彼此不能相商，各報各的，其內容較例行本章詳實可信，而且宮中檔奏摺因有皇帝親筆御批更增加其價值。其次因具奏人，除部份是廷臣外，主要是直省外任官員，所以宮中檔奏摺對地方事件的報導極詳，含有非常豐富及價值頗高的地方史料。又由於宮中檔奏摺是唯一存在的原件，是第一手眞實的文獻絕非傳抄或出版的官文書可比，如大清各朝實錄、東華錄、十朝聖訓、清三通、雍正硃批諭旨、大清會典則例、清史稿等書，雖然這些巨著中有時引用宮中檔奏摺，僅引錄極少的內容，絕大多數的諭摺未見載錄，甚至有目的加以刪改，而具奏的年月日不確，君主硃批不載等，因而未能窺其原貌，因此宮中檔奏摺確有頗高的價值。

國立故宮博物院鑑於宮中檔奏摺的重要，遂於民國五十八年後大量整理編目，已將宮中檔奏摺全部，分製成事由卡、人名索引卡、事由索引卡，以便讀者檢索，申請提閱原件，或申請複印。更進一步以原件複印出版了年羹堯奏摺專輯、袁世凱奏摺專輯。稍後並將宮中檔奏摺依年月日次序，按朝代出版了康熙朝、雍正朝、乾隆朝、光緒朝等宮中檔奏摺專輯計有一四二輯，以供國內外學者購置使用。未出版的嘉慶、道光、咸豐等朝宮中檔奏摺也陸續予以複印並加編目錄裝訂成冊，放置於故宮博物院圖書館，以供讀者閱讀及複印參考之用。我們竭誠希望國內外學者能夠將宮中檔奏摺善加利用，以不辜負這批珍貴史料存在的意義。

附錄三

清宮內「洗三」「彌月」「抓周」的風俗

「育兒」是綿延後代，一向是中國人的大事，因此中國自古至今，在「育兒」的過程裏有很多特別的日子形成不同的風俗，如「洗三」、「彌月」、「抓周」。滿族入關，接受漢化，自然清宮也有「洗三」、「彌月」、「抓周」的風俗。

洗三待開眼

清朝皇帝的皇后妃嬪遇喜生子，初生均稱皇子或通稱阿哥，俟賜名後始按位次稱皇幾子或第幾阿哥。如清世宗胤禛在康熙朝稱皇四子或四阿哥。清高宗弘曆在雍正朝稱皇四子或四阿哥。皇子所生年月日時，係內庭某位某氏生，由宮殿監敬謹登記，也就是由敬事房太監總管辦理，等到宗人府恭修玉牒時載入，以作爲皇族之親疏的依據。其他公主、皇孫、曾皇孫也同樣登載入玉牒之中。清同治帝載淳爲咸豐懿嬪（即後來的慈禧太后）於咸豐六年（一八五六）三月廿三日未時誕生於儲秀宮。根據懿妃遇喜檔記載，懿嬪生育前三個月，懿嬪之母即被允許進宮同住，咸豐六年正月廿三日在儲秀宮後殿明間東門外邊刨了「喜坑」。遇喜時唸唱喜歌，安放筷子取快生之意，紅綢子與金銀八寶以討吉利，從養生殿西暖閣取來大楞刀掛在儲秀宮後殿東次閣以避邪，再從乾清宮取來易產石。三月廿三日未時載淳誕生，經御醫看過，用中藥福壽丹開口。咸豐帝喜獲麟兒高興之餘賦詩曰：「庶慰在天六年望，更欣率土萬斯人」。

中國人對於三特別喜愛，如三元、三陽、三光、三才、三多、三餘。因此嬰兒初生的第三天也格外的隆重，如有「洗三」、「做三朝」、「開眼」等節目。所謂「洗三」是指嬰兒初生，於第三日洗身。唐代玄宗時章敬吳后生代宗，第三天他的祖父玄宗親臨觀看代宗洗澡。王毛仲妻生子，第三日唐玄宗命高力士賞賜酒饌、金帛。楊太眞也曾以錦繡裹安祿山，戲稱楊貴妃三日洗兒也。唐昭宗時天復二年（九〇二）昭宗駕臨岐地，皇女生三日，賜洗兒果子。洗三也有辦「洗兒會」的，親朋歡聚，熬煎了一盆香味四溢的洗澡水，盆子裏放了很多果子、綵錢、葱蒜等東西，並用數丈綵布繞之稱之爲圍盆。再用金屬釵子攪水，這稱爲攪盆。而參加的衆親友都各散錢於水中，這謂之添盆。清宮內庭對於公主生子生女的「洗三」給用物品有詳盡的記載：公主遇喜生子「洗三」時，由宮殿監奏明後交內務府準備，便用重五錢金錁二錠、銀錁八錠以「添盆」。第九日抱上搖車，搖車是一種爲小兒製就的睡車，如同近世的搖籃而其下有輪。領用重十兩琺瑯麒麟一件，春綢襖三件，閃緞被褥一套、潞綢（山西省潞安府所產）被褥一套、潞綢檔頭一個、布糠口袋二個、空單一個以壯華麗舒適。而公主生女洗三時，則用重三錢金錁二錠、銀錁四錠以添盆顯與生子規定有別。第七日便抱上搖車，只用重十兩琺瑯麒麟一件而已。「做三朝」就是嬰兒出生第三天，父母為他特別邀宴賓客，當然貴為皇親，咸豐帝的弟弟醇親王為他第二個兒子載湉，也就是後來的清德宗光緒帝「做三朝」更加熱鬧非凡了。醇王府內匠人們在前一二天已把大院落改建為大廳，準備招待客人。當天從早上到晚上、賀客絡繹不絕，門前車水馬龍。高貴的客人們，一到王府說過幾句賀詞，總被醇親王請到那一座大廳上去入席，酒菜也格外豐盛。客人來道賀，除了帶來很多各式各樣食品外，大多還帶了一份給載湉的禮物，大致都是給載湉做衣服的綢緞，上好的絹綾。醇親王把當日收下的衣料收藏起來給他兒子日後做衣服穿。「做三朝」還有一件大事就等「開眼」了。一般的說法，嬰兒都在第三天「開眼」，他的父母親必須是嬰兒開眼時首先看到的以免受驚嚇。當載湉即將「開眼」時，醇親王奕譞便立即向客人告罪，急忙奔到載湉的房間，載湉已經張了右眼正好與醇親王相對，於是載湉的母親醇王福晉（慈禧太后的妹妹）也走上去了，就在此時載湉的左眼也張開了。當載湉已經開眼了，「做三朝」這件大事便算結束了。

彌月賞賜多

「彌月」是指兒生滿一月，俗稱滿月，這個日子清廷內宮也相當重視，從賞賜物品的衆多，得見一般；內宮阿哥的福晉遇喜生長子彌月時，宮殿監則向內務府取來：裏外布帛七十端（古代布帛的長度單位，六丈曰端或一丈六尺為端），內宮用緞六匹，衣素緞（白緞）六匹，宮綢（細緞）六匹，楊緞（山西洪洞產）六匹，彭緞（江蘇銅山產）六匹，小潞綢（山西潞安府產）六匹，綾十匹，花紡絲十匹，杭細（絹細者）八匹，見方三幅，紅杭細窔單四個。公主生子「彌月」時，內庭賞用就少了些，計有染貂帽一頂，嵌珊瑚重八錢金串帶一份，緞棉袍掛三套，春綢棉襖三件，妝緞襪緞靴各一雙，銀三百兩，表裏布帛五十端，內宮用緞五匹，素緞五匹，衣素緞五匹，宮綢五匹，小潞綢五匹，綾十匹，花春綢十匹，花紡絲五匹，衣素緞四匹，宮綢四匹，小潞綢四匹，花紡絲十匹，綾十匹，見方紅杭細窔單四個：但當公主遇喜生女彌月時，則賞用三錢金結手巾二分，重九錢金鐲一對，嵌珍珠重二錢耳墜一分，銀二百兩，表裏布帛四十端，內宮用緞四匹，素緞四匹，衣素緞四匹，宮綢四匹，小潞綢四匹，花紡絲十匹，綾十匹，見方紅杭細窔單四個。並分別接獲皇帝、皇室與貴戚的賞賜及送禮。

抓周為試兒

抓周是一種試兒的風俗，舊俗小兒生周歲，父母以盤盛百玩器具，放在小兒面前，看他所取的東西以驗小兒生性。如《顏氏家訓》〈風操〉記載道：「江南風俗，兒生一朞爲製新衣盥浴裝飾，男則用弓矢紙筆，女則用刀尺針縷，竝加飲食之物，及珍寶服玩置之兒前，觀其發意所取以驗貪廉愚智，名之爲試兒。」再如清人曹雪芹所著《紅樓夢》一書即有賈寶玉抓周的故事：在其第二回「賈夫人仙遊揚州城，冷子興演說榮國府」：「子興冷笑道：『那週歲時，政老爺便要試他將來的志向，便將那世上所有之物擺了無數與他抓取，誰知他一概不取，伸手只把些脂粉釵環抓來玩弄。那政老爺便不喜歡，說將來是酒色之徒耳。因此便不甚愛惜。』」誠然！賈寶玉終其一生都在金釵玉女堆中。《玉壺野史》記「曹彬周晬，左手提干戈，右手取俎豆。」曹彬是北宋大將，滅南唐，攻佔金陵。從宋太宗滅北漢，功業彪炳，足見抓周試兒著實也很靈驗。所以抓周風俗很受大衆重視。清宮皇子周歲時，宮內準備晬盤即周歲陳設也，按例用玉陳設二事，玉扇墜二枚、金匙一件、銀盒一圓、犀鍾一捧、犀棒一雙、弧一張、矢一枝、文房一份、晬盤一具、果筵一席，這些東西都是由宮殿監奏交內務府預備的。至於公主、皇孫、皇孫女等周歲，準備的晬盤也與皇子的相同，公主及皇孫女準備晬盤時不設弧矢而已。清同治帝載淳於抓周時，先抓書，次抓弧矢，後抓筆，雖然很合乎理想，但後來的事實卻是那一樣也沒有表現。直至今日各地也仍有抓周的風俗。

附錄四

清晨快馬送熱粥

——《雍和宮的歡喜佛與熬粥盛典》

初八日清晨，清帝欽派的供粥大臣率領司員開始在雍和宮佛前供粥，供粥時宮殿內外宮燈照耀，鼓樂齊鳴，香煙繚繞，全體喇嘛上殿誦經，隨後便將粥派人送往清宮，也裝罐密封快馬送往熱河行宮及各地……

永佑殿成為清帝供祀祖先的影堂

雍和宮位於北平安定門內，北新橋路東，清國子監旁。現在安定門大街與東直門大街之間，是北平現存規模最大及保存最完好的喇嘛廟。雍和宮原建於康熙三十三年（西元一六九四），是清聖祖康熙皇帝在明朝太監宮房的舊址上爲其四皇子胤禛所修建的府邸。胤禛於康熙三十七年（西元一六九八）封爲貝勒，四十八年晉封爲雍親王，他的府邸也改稱爲雍親王府。清聖祖於康熙六十一年十一月十三日大漸（病重）時，召雍親王於齋宮，宣詔嗣位，聖祖崩逝。二十二日胤禛即位是爲清世宗，以明年爲

雍正元年。雍親王府即名爲潛邸。（清制，皇子的府邸，俟即位後被改稱爲潛邸）

清世宗於雍正三年將其潛邸命名爲雍和宮，一半用作行宮，一半就改爲黃教上院。（黃教是指藏傳佛教）清朝政府一向對蒙古和西藏採取懷柔政策，對喇嘛教（黃教）十分尊崇，爲此清世宗將雍和宮賜於章嘉呼土克圖（大活佛），成爲黃教喇嘛修淨誦佛的靈場。

雍正十三年（西元一七三五）八月清世宗駕御圓明園，廿一日身體不適，廿二日病重，廿三日子刻崩逝。尋備黃輿，自圓明園奉清世宗還宮，皇四子寶親王弘曆親扶黃輿進宮，安奉於乾清宮。九月二日弘曆即位於太和殿，是爲清高宗，即命興工修理雍和宮以備安奉世宗梓宮之用。

因時屆初冬且値陰雨，清高宗降旨其工價著加一倍賞給。九月十一日清高宗奉移清世宗梓宮入雍和宮昭泰門，隨安奉於雍和宮內永佑殿。

次年乾隆元年（西元一七三六）二月廿四日定世宗憲皇帝山陵名號泰陵。十月十一日移世宗梓宮出雍和宮昭泰門，於十六日迎入泰陵隆恩門奉安享殿，陳設幃幙、奠酒行禮。總計清世宗梓宮安奉在雍和宮長達一年又一個月之久。清高宗爲了準備雍和宮停放世宗梓宮，遂將雍和宮殿堂的琉璃瓦，由綠色換改爲黃色，雍和宮遂升格爲宮殿。清高宗爲緬懷其皇考，奉清世宗雍正皇帝影像於雍和宮永佑殿，成爲清帝供祀祖先的影堂，雍和宮地位日形提高。

到了乾隆九年（西元一九四四）十月，雍和宮大興土木，增建了五彩牌坊、影壁、花門、鐘鼓樓。並於雍和宮前雍和門外東面設立八角碑亭，由清高宗御筆刻有雍和宮牌，將雍和宮改建成喇嘛廟的經過記述甚詳。

御碑亭刻有漢蒙滿藏四體文字

雍和宮建築宏偉，殿堂深邃，不像一般僧道寺觀，按層分進飛閣崇樓；而是迂迴錯落，別具匠心。雍和宮最外面有五彩牌坊，穿過五彩牌坊，經過輦道，便到了雍和宮的大門——昭泰門。而門內的雍和宮建築殿樓衆多，各有特色。雍和宮是喇嘛廟，因此每座宮殿內都供滿了大小佛像，大部份都是金質的塑像，因此雍和宮更益形尊貴。雍和宮殿樓衆多，現在循序簡單介紹於後。

天王殿：雍和宮的第一進，殿內正中供著一尊木刻而貼金的布袋尊者像，像的上方有匾書曰「現妙明心」四字，出自乾隆皇帝的御筆。殿兩旁列有彩繪塑像四大天王：持國天王、廣目天王、增長天王、多聞天王，係佛經中護世四天王，分別居住在須彌山的東南西北四方。持國天王，謂能護持國土，居須彌山東方的黃金埵；增長天王，謂能令他善根增長，居須彌山南方的琉璃埵；廣目天王，謂以淨天眼鑒觀擁護閻浮提（梵語，須彌山四大部洲之一），居須彌山西方白銀埵；多聞天王，謂福德之名聞四方，居須彌山北方的水晶埵。

院內有乾隆十二年鑄造的大銅鼎，明代萬曆年銅製的須彌山（義譯言妙高，佛經說四大洲之中心，有須彌山，處大海之中，上高三百三十六萬里，頂上有帝釋天所居，半腹爲四天王所居），及一座御碑亭。御碑亭是清乾隆五十七年（西元一七九二）立，刻有清高宗所撰的喇嘛說，用漢蒙滿藏四體文字書寫的，主要是說明喇嘛教的來源，及呼華勒罕（活佛）轉生用製籤法以安藏輯藩，以立定國清平之基，全文長二千百五十四字。眞是一件珍貴的歷史文物。

溫度孫殿：有金屬製二個圓筒，即稱爲轉輪（據佛典，輪王即位時，由天感得輪寶，轉其輪寶而降伏四方），一個周圍三尺五寸餘，一個周圍四尺。此殿樓上有歡喜佛，面貌醜怪，並有金剛護法，觀音化身爲馬王各像。

歡喜佛又名大聖歡喜天

雍和宮：是正殿，殿內供釋迦牟尼、迦葉、彌勒三尊並排的銅質佛像。殿堂兩側排列著十八羅漢像諸像都顯得十分威武。殿內佛像前還有大五供、七珍、八寶等供品，都是乾隆年製造的珍品。

額木奇殿：有檀城及三體佛像，正中有黃教祖師宗哈巴像，左又有班禪佛。

永佑殿：這是雍和宮在雍親王府時期的正寢殿，清世宗在繼位前就居住在這裏，他崩逝後曾停靈於此，後來他的影像也被供奉在此殿裏，因而永佑殿便成爲清帝祀祖的影堂。這殿裏也供了三尊佛像，分別是藥師佛、長壽佛和獅吼佛。殿的內側各掛了一幅畫像；西邊牆上掛的是一幅白度母畫像，畫技精巧，是乾隆年製成；東邊牆上的一幅是綠度母補繡像，做工也很精細，據說是清高宗的母親孝聖皇太后鈕祜祿氏親手補繡的。

東配殿：俗稱鬼神殿，又名特參殿，裏面供奉了大大小小，形形色色，千奇百怪的歡喜佛：有裸婦仰巨人與巨牛交歡者、有男女神裸抱而頭間及腰際都懸掛纍纍骷髏者、有足踏巨蛇或巨牛者如德木楚克像，這些歡喜佛俱覆以布。另有四臂、六臂、十二臂牛執用人頭頂骨製的嘎布拉碗和各種法器者。殿內牆上的壁畫也全是歡喜佛的畫像。

根據佛教的解釋，歡喜佛又云大聖歡喜天，爲夫婦二身相抱，象頭人身之形。男天者，大自在天子之長子，爲暴害世界之神；女天者，觀音化現，而與之相擁抱，以冀求得男天者歡心，以鎮彼之暴惡，因此也稱爲歡喜天。歡喜佛，大都爲象頭人身、白肉色，著赤色裙，各以二手互抱腰上。謂其現象頭者，以象雖瞋恚且強力，而能服從養育調御之人，藉以說明暴惡之人亦能歸依佛也。

一般喇嘛們說他們分別是佛公佛母也。東配殿殿堂門的左右有長大如犬動物像各一，高有四尺，身長一丈二尺伸頭對立，謂之窩托格（湖南省通道縣羅蒙語），這是清高宗於乾隆十九年（西元一七五四）八月二十日恭謁祖陵，經吉林行圍於額林嘉摩地方，親手所射斃的熊二頭，一頭重九百斤，一頭重千斤所塑的模型。又有虎一豹三，都是高宗所捕獲之物，而左右持槍對立之塑像，即當日扈從最勇敢的二位將軍。

彌勒佛是五代契此和尚的形像

法輪殿：是典型喇嘛廟的建築，殿頂設五座小閣，閣上各有鎏金寶塔，是藏族的建築風格；然而殿內卻是濃厚漢族建築色彩的畫棟雕樑，飛檐彩椽。兩種迥然不同風格整合成渾然一體，壯麗非凡。

法輪殿是全宮喇嘛們舉行誦經活動的地方，殿內藏有大藏經、續藏經等黃教寶典。殿中央設壇供有純金佛像——黃教創始人宗喀巴法師像，身高六點一〇米。佛像後座有無量壽佛一幅。又有檀香木雕成羅漢山一座，並鑄有五百羅漢像。

羅漢身體是由紫檀木雕成，非常精細。而五百羅漢由金、銀、銅、鐵、錫五種金屬鑄成，各個羅漢神態悠然，他們都是釋迦牟尼的弟子，當釋迦牟尼死後，把他講授的經法加以編輯，稱爲佛經。後來佛門信徒爲感念這五百名佛門弟子的貢獻，遂尊稱他們爲羅漢，並在寺廟裏修建五百羅漢堂供奉起來。

照佛樓：因珍藏照佛而得名，照佛（旃檀佛）是仿木製，並非檀木所雕，而是用銅製成的無量壽佛。佛像極其名貴，並有乾隆帝御題象讚刻于佛龕。這尊佛像當年是由鈕祜氏皇太后專供的。佛龕和火焰背光是用楠木雕製，利用透雕手法突出九十九條龍，翻騰於六海之中，形態極爲生動逼眞，可以算是雍和宮內最精緻的雕刻珍品。

所謂「照佛」：傳說釋迦牟尼在上天之前，弟子們爲了佛的影像永留人間，而爲佛畫像，但又不敢直視，只好請佛站在河邊，由畫師照水中之影繪形，自然連水中波紋也畫上了。佛升天後，人們祇能照畫而雕，故稱「照佛」。

萬福閣：這是雍和宮內最高大的建築，整個閣體爲木頭的結構，黃瓦歇山頂，三層樓閣，兩側各有飛虹天橋，西通延綏閣，東達永康閣。萬福閣裏面供奉的邁達拉佛像高大出奇，有撐破閣頂之勢，因此萬福閣通稱大佛樓。這尊巨佛，全高二十六公尺，露出地面有十八公尺，地下埋有八公尺，直徑有八公尺，整個佛像是用整根白檀木雕成的，比例勻稱，軀幹雄偉。這根雕像的巨大白檀木，是西藏達賴喇嘛七輩所進貢給清高宗，並獲得西藏察罕活佛幫助設計，再由清宮雕匠細刻而成的。

邁達拉是梵文的音譯，而普通的音譯就是彌勒佛。彌勒佛出生於婆羅門家庭，後為佛門弟子，成佛於華林園龍華樹下。但中國一般寺廟慣見的笑口常開露肚彌勒佛則為五代時契此和尚的形象，因傳說他是彌勒化身，故後人塑像便以契此像作彌勒供奉了。

雍和宮除上述樓、殿、閣之外，還有許多配殿，大部份是供喇嘛們研習數學、醫藥、天文、地理，和佛學的地方，因此雍和宮實在是一處神秘而珍藏極其豐富的喇嘛廟。

大鍋熬粥是隆重的盛典

雍和宮尚有一件很有歷史意義的文物，就是放在天王殿前鼓樓旁的臘八粥大鍋。臘八就是農曆的十二月八日，各寺院俱設五味粥，名曰臘八粥亦曰佛粥，又稱七寶粥。因十二月八日為釋迦牟尼佛成道日，故寺院僧侶取香穀及果實煮粥以供佛，其後民間亦相沿成俗。晉代時記載村人於是日逐疫，北宋時僧俗均煮果子雜料粥食之。

清宮中於每年十二月八日則派王公大臣到雍和宮監視煮粥供佛，而於禁宮內由達賴喇嘛或章嘉呼土克圖（雍和宮中大活佛）為皇帝拂拭衣冠以祓除不祥，民間則家家吃臘八粥以應節。清代雍和宮臘八煮粥，例於每年十二月初五日由內務府奏請欽派監視熬粥大臣，得旨奉派大臣即前往監視雍和宮熬粥供佛。十二月初八日熬粥供佛完竣得具奏覆命。如咸豐八年十二月初五日上諭云內務府奏派雍和宮熬粥，旨派麟魁。

雍和宮熬粥是一件大事，歷朝歷年上諭都有記載。雍和宮臘八用大鍋熬粥除由皇帝欽派王大臣監視外，實際上熬粥是極爲隆重的盛典，準備工作從十二月初一就開始了；內務府總管就派員把粥料和乾柴一車車運到雍和宮。粥料品種衆多，有上好的奶油、小米、江米、羊肉丁和五穀雜糧，乾果是紅棗、桂圓、核桃仁、葡萄乾、瓜子仁、青紅絲等。熬粥的材料數量大，一直到初五晚上方才運齊。

初六清帝欽派大臣會同內務府總管大臣，率司員及民伕來到雍和宮，監督稱糧、搬柴、檢查一切準備工作。初七日一早欽派大臣下令生火，用大鍋熬粥，並一直監視到初八凌晨，直到全部熬好爲止。每鍋臘八粥、小米十二石，雜糧、乾果各百斤，乾柴萬斤。粥共熬六鍋：第一鍋粥供佛，第二鍋粥獻給清帝及後宮，第三鍋粥給王公大臣和大喇嘛，第四鍋粥給在京的文武大臣和封寄各省的地方大吏，第五鍋粥給雍和宮的衆喇嘛，第六鍋加上前五鍋剩的粥，就作爲施捨的臘八粥了。

初八日清晨，清帝欽派的供粥大臣率領司員開始在雍和宮佛前供粥，供粥時宮殿內外宮燈照耀，鼓樂齊鳴，香煙繚繞，全體喇嘛上殿誦經，隨後便將粥派人送往清宮，也裝罐密封快馬送往熱河行宮及各地，更舉行布施臘八粥。這是雍和宮對外最熱鬧的一刻，但如今只留下這一個熬臘八粥大鍋，空留回憶了。

規模宏偉神秘非常的喇嘛廟

雍和宮，由清代的貝勒府、雍親王府、潛邸，再升格爲宮殿，後經修改成規模宏偉的喇嘛廟，佛像文物，應有盡有。藏有衆多歡喜佛，因而更形神秘，甚至被傳說成雍正皇帝時常光臨這座香艷旖旎神秘詭異的喇嘛廟，向喇嘛們學習採陰補陽術，卻忽略了雍和宮所珍藏無數佛教藝術珍品，及懷柔西藏蒙古的政治意識，實在可惜！

附錄五

將雙龍寶星套在洋人身上

——金碧輝煌的清代勛章

清代自光緒朝後，中外關係益趨密切，使臣來往頻仍，爲表彰外國君臣兵弁商工對中國的功勛勞蹟，並示聯絡起見，總理衙門遂於光緒七年十二月十九日，釐定寶星章程，請旨遵行，這是中國寶星制度的起源…………

中國寶星制度的起源

清朝咸豐十年（西元一八六〇）十二月創設總理各國事務衙門，簡稱總理衙門或總署，統理外交貿易關稅等內外交涉之事務，並掌任命公使領事之事。清代自光緒朝後，中外關係益趨密切，使臣來往頻仍，爲表章外國君臣兵弁商工對中國的功勳勞蹟，並示聯絡起見，總理衙門遂於光緒七年（西元一八八一）十二月十九日，釐定寶星章程，請旨遵行，這是中國寶星制度的起源。

清時稱勳章爲寶星，因其嵌有珍寶之故，但在總署未釐定寶星章程前，已迫不及待的於同年八月廿四日，賞給英國使臣威妥瑪等寶星，奉旨俟總理衙門釐定等第，酌擬章程奏明奉旨後，再製造頒給。

中國寶星制度，是仿效西方的，當時泰西各國行用寶星，是視授頒者品級之榮卑而定禮文之隆殺。爲此，總理衙門在釐定寶星章程的奏摺內，首先作了四點說明：

一、寶星的名目定爲雙龍寶星，西洋各國張掛旗幟制度各有不同，而中國之旗幟向例以繪畫龍文爲識，現擬仿照此例於寶星之上鏨以雙龍，即命名曰雙龍寶星。自頭等第三寶星以下皆於上面鏨「大清御賜」四字。由於頭、第一、第二係特表優異之典，不可以率行濫請。

二、寶星的等第：外國寶星佩帶，國君自行佩帶，或贈予與國之君，有頒賜臣下而推及於與國之臣下的，分際迥殊，等威不一。因此清朝的寶星分成五等，並於頭二三等再分三級，共有十一級。在寶星上鏨刻清文（滿文）註明等第字樣。再加上每一級的形式不同，也很容易分辨，自國君以至於工商庶人等，各如其品以寶星相酬，使名器不致濫邀，而避免畸重畸輕的弊端。

三、寶星的藻飾：清朝官吏的品級，列意綦嚴，自王公下及監生，向用頂戴別其尊卑。寶星的等第分別也參用此意，於寶星上鑲嵌珠寶一顆，分其顏色以示區別。

四、寶星的執照：世界各國每遇發給寶星時，除應行之公文書外另備執照一紙，給承領本人收執爲憑。寶星執照內前半是恭錄允准厘定寶星之諭旨；後半段則塡寫承領執照之人的姓名、籍貫，並敘明因何給予寶星的功勳勞蹟及年月日。而頭等第一第二寶星未便加用執照，都由總理衙門知照各國的外務部大臣，分別轉贈移送的。至於頭等第三以下的寶星應用執照，則蓋用總理衙門的關防；但以後授頒寶星的本人，若有劣跡經清朝斥退的，仍將原頒的寶星及執照一律追繳回來。寶星的製頒：凡頒賞頭二等寶星，經奉准賞給後，均由總理衙門照式製造頒給；其三等以下的寶星，是何處奏請頒賞，即由何處照式製造頒給，唯需知照總理衙門，蓋用關防發給執照，以備稽覆登錄。

各等寶星分嵌不同的寶石

總理衙門釐定寶星章程內容如下：

㈠頒領各級寶星的對象：

頭等第一寶星專贈各國之君主。

頭等第二寶星給各國世子、親王、宗親、國戚等。

頭等第三寶星給各國世爵大臣、總理各部務大臣、頭等公使等。

二等第一寶星給各國二等公使等。

二等第二寶星給各國三等公使、署理公使、總稅務司等。

二等第三寶星給各國頭等參贊、武職大員、總領事官、總教習等。

三等第一寶星給各國二、三等參贊領事官、正使隨員、水師頭等管駕官、陸路副將教習等。

三等第二寶星給各國副領事官、水師二等管駕官、陸路參將等。

三等第三寶星給各國繙譯官、游擊、都司等。

四等寶星給各國兵弁等。

五等寶星給各國工商人等。

(二)寶星的裝飾規定：

頭等寶星應用赤金地法藍（珐瑯）雙龍，頭等第一寶星中嵌珍珠金龍金紅色帶，頭等第二寶星中嵌紅寶石，頭等第三寶星中嵌光面珊瑚俱銀龍大紅色帶。

二等寶星應用赤金地銀雙龍，中嵌起花珊瑚黃龍紫色帶。

三等寶星應用法藍地金雙龍，中嵌藍寶石，紅龍藍色帶。

四等寶星應用法藍地銀雙龍，中嵌青金石，綠龍醬色帶。

五等寶星應用銀地法藍雙龍，中嵌硨磲，藍龍月白帶。

(三)寶星大小尺寸的規定：

頭等寶星，式尚方，計營造尺長三寸三分，寬二寸二分。

一等寶星以下，式尚圓，二等直徑二寸七分，三等直徑二寸五分，四等直徑一寸九分，五等直徑一寸六分。寶星之上皆有環首。

(四)寶星帶子長寬度的規定：

頭、二等寶星帶子均長一尺三寸，寬一寸五分，兩頭有穗絲繩束結。三等寶星帶子長一尺三寸、寬五分。四、五等寶星帶子均長五寸寬一寸一分。

以上這件總署釐定寶星章程的奏摺，於光緒七年十二月十九日，經軍機大臣奉旨依議允行，便全國上下一體遵旨通行。

改製後的寶星更顯光芒森射

光緒廿二年三月，清朝中外關係密切，頒賜寶星之案比例增多，洋員職分崇卑不能詳悉，顯有畸重畸輕之弊。當時總署接獲出使俄德大臣許景澄的函陳：「洋人爵分五等，其首曰潑林次（Prince），略如中國王爵，爲世子及近支親王通稱，而近支親王與疏遠世襲之王體制迥異。」他認爲洋人親王其尊崇之禮如同諸貳；而洋人受封世爵只是標榜門望，其官位並未加崇。因此各國駐華使臣之有世襲爵位者，每每援引世爵大臣字樣而越請中國頭等寶星，這樣就無以爲酬奬彼國宰相及部院大臣之較崇的地位。

於是他致總署陳請：「寶星章程內聲明，頭等第二寶星專贈給各國世子並近支親王，凡例襲王爵者不在此例。其頭等第三寶星，應以部院大臣、頭等公使爲斷，庶二等公使有爵者不能援照。」經總署覆核許景澄的頒給限制，很有道理，遂於光緒二十二年三月廿一日將這項頭等第二、第三寶星頒給限制奏明請旨，後得旨「一律遵辦」。這樣才使中國寶星制度更臻完備，也更能洽合洋員職分爵位眞實的榮卑，再不致爲洋人虛銜所惑，或稍失愼重釐定分別等威的意義。

光緒廿三年二月十一日寶星式樣經總理衙門奏請酌定變更，參酌歐洲各大國通行式樣改製，精工鑄造。這次總署爲什麼要酌定寶星式樣呢？總署所提的理由是：「近日邦交益密，往來贈答事類繁多，而列國君主之周旋，下及貴戚臣工之頒賜，典儀所在，義貴精詳，寶星取象列星，外國製造多爲光芒森射之形，以顯昭明而彰華貴；中國舊式形方且重，與內地功牌相近，外人往往以艱於佩用，似無以達彼嚮風拜寵之忱……。」爲此，總署奏議酌定寶星章程，並選募津滬一帶良工，製就銀模，使寶星更臻精美，以達慎固邦交之道，並繪圖恭呈御覽，後經光緒帝硃批「依議」。使寶星有了新的面貌。

現將酌定寶星章程節錄於後，以見比對：

頭等第一專贈各國之君，式樣應用赤金地，法綠龍起金麟，上嵌大珍珠一顆，團龍內中心嵌小珍珠一顆，沿邊用小珍珠鑲嵌一圍，赤金星芒。佩帶副寶星，亦用綠龍起金麟，中嵌珍珠一顆，外鑲小珍珠，金紅色帶。

頭等第二專贈各國世子並近支親王等，式樣應用赤金地，法綠龍起金麟，上嵌光面小紅珊瑚，中嵌光面大珊瑚，珊瑚之外鑲小珍珠一圍，赤金星芒。佩帶副寶星，亦用綠龍起金麟，中嵌光紅珊瑚，上嵌小紅珊瑚，大紅色帶。

頭等第三專給各國世爵宰相、部院大臣、頭等公使，式樣應用赤金地，法綠龍起金麟，上嵌光面小紅珊瑚，中嵌光面大珊瑚，雲頭內各鑲小珍珠八顆，赤金星芒；佩帶副寶星，亦用法綠龍起金麟，中嵌光紅珊瑚，上嵌小紅珊瑚，大紅色帶。頭等第三以下，均有御賜字樣。

酌定寶星式樣請旨遵行摺，於光緒廿三年二月十一日奉光緒皇帝硃批「依議」，至此清朝的寶星制度便更趨完備，中國寶星佩帶在洋員身上便更顯榮崇。直到現在，政府仍舉行贈勳儀式，凡有功於政府國家的人，都有可能獲頒勳章，這都是清朝寶星制度的延續了。

以鉅款、寶星酬謝俄德法三國

清朝頒授各級寶星，自光緒二十年後，隨著與外國交涉日趨密切，所頒發的寶星數量也日漸增多，現舉幾個例子說明之：

一、光緒二十年（甲午）（西元一八九四）中日之戰，八月十八日，清海軍各艦在大東溝（安東省安東縣西南沿海，爲鴨綠江之一港）洋面與日本艦船接仗，力挫日本兇鋒。清廷爲了表章洋員在此次大東溝之戰奮勇効力，由李鴻章奏請獎卹或給以撫卹，或給以寶星勳章，於九月十一日奉旨准奏：

1.洋員漢納根在海軍當差，教練有方，此次大東溝之戰奮勇効力，深堪嘉獎，加恩賞給二等第一寶星，以示鼓勵，欽此。總理衙門飭水師營務處，按照寶星等第，製成寶星發交祇領，後再賞提督銜。

2.洋員陣亡，有定遠艦管砲洋員尼格路士、余錫爾二員，總署原擬請按照西國章程——給予三年薪俸以示體卹，經奉旨陣亡洋員均著給予二年薪俸。

3.力戰受傷的洋員有總管鎮遠艦砲務德員哈卜門，幫辦定遠艦副管駕英員戴樂爾，幫辦定遠艦總管輪德員阿壁成，幫辦鎭遠艦管帶美員馬吉芬，共計四員。奉諭哈卜門著以水師參將用，戴樂爾、阿壁成、馬吉芬均著以水師游擊用。哈卜門等四員並賞戴花翎給予三等第一寶星。

二、中日甲午戰爭結束，光緒二十一年三月二十三日中日馬關條約成，清廷咸知失計，乃借助俄德法三國令日本退還遼東半島，酬款三千萬兩。清廷爲了答謝三國協助收回遼東半島，總理衙門遂於光緒二十一年十二月十七日（西元一八九六年一月卅一日），具奏續陳接收遼旅地方情形，並請賞賜俄德法三國使臣寶星摺。

三、光緒二十三年五月爲英君主在位六十年，清廷派戶部左侍郎張蔭桓前往致賀。張蔭桓歷經英、美、法、德、俄各國。六月十二日張蔭桓在俄京會晤俄皇，由於俄皇眞心和好，而俄外務大臣非常和平，張蔭桓遂於當日致總署電中，請賞俄外部尙書穆拉裴得福一等第三寶星，以示聯絡，經奉准後由總署製送。

四、光緒廿四年十月二十六日（丙午）因救護中國商船出險，賞日本國陸軍步兵大尉官宮崎憲三等寶星。

外國公使以佩戴中國寶星為榮

經由上述頒授寶星的記載，知道寶星賞授的對象，以外交關係爲主，凡洋員對中國與外國邦交促進有功的，對中國利益有爭取的，或能維護中國國計民生的，甚至能救護中國一般百姓生命財產的，都在寶星獎勵之例。

總之，清代的寶星制度雖是模仿外國而來，但其章程歷經愼重修改，製作日趨精良，選材昂貴，處處表現寶星之受重視，並能獲得外國公使以佩戴中國寶星爲榮，特別陳情總署奏賞寶星，足見清代寶星的重要。

附錄六

紫禁城外鳳凰窠

——慈禧母家

慈禧太后原名葉赫那拉氏，父親惠徵，是滿州旗人，原屬滿州鑲藍旗，後因慈禧於咸豐十一年（西元一八六二）七月十八日正式被封爲聖母皇太后，同年十二月十八日奉上諭：「慈禧皇太后母家著抬入鑲黃旗滿洲」。所以清史稿外戚表「孝欽顯皇后父惠徵隸滿洲鑲黃旗」實因後來「抬旗」的緣故。慈禧於咸豐元年被選入宮，號懿貴人。咸豐四年封爲懿嬪，咸豐六年三月二十三日未時誕生了兒子載淳，當日晉封爲懿妃。七年進懿貴妃。十一年七月咸豐帝逝世，清同治帝即位，十一月慈安與慈禧兩皇太后同御養心殿，垂簾聽政，經同治光緒兩朝，直到光緒三十四年十月甲戌（二十二日）病亡，慈禧太后主宰了清朝政治達四十八年之久。慈禧入宮後史籍記載較豐，對於她的母家甚少述及。

北京西四牌樓劈柴胡同

古時鳳凰是「皇后、皇太后」的象徵，因此慈禧的母家也就是紫禁城外的鳳凰窠了。慈禧父親惠徵，生於清嘉慶十年（一八〇五），清道光二十九年閏四月十七日惠徵被任命爲山西歸綏道員。咸豐二年二月初六日咸豐帝調任惠徵爲安徽省寧池太廣道轄安徽省的寧國府、池州府、太平府、安慶府和廣德直隸州，共五府一州計二十八個縣，並兼管蕪湖關的稅務，駐紮蕪湖。後遇太平軍攻陷安徽省，惠徵遂攜印帶銀，奉命移轉至江蘇鎮江，咸豐三年六月初三日因病死亡。終年四十九歲。直至同治元年八月十八日受到追封爲三等承恩公，賜諡端恪。咸豐元年時，清文宗奕詝登基後第一次挑選秀女，慈禧是道員之女，當時年方十七歲。眞正選看的日子是二月初八、初九兩日。所以當惠徵被任命爲安徽寧池太廣道道員的時候，全家正在爲慈禧接受奕詝的挑選。二月十一日奕詝封慈禧爲懿貴人，並命慈禧於五月初九日進宮。惠徵等送走慈禧後，才攜同家眷赴江南，七月到安徽蕪湖正式接印上任。惠徵在鎮江病逝，其留下的孤兒寡婦由鎮江回到北京，自然與其公婆住在一起。慈禧的祖父景端，曾任刑部郎，道光二十七年（一八四七）五月，因代賠其父吉阿任銀庫員外郎的虧空不力，革職監追。二十九年五月獲釋，官復原職，不久因年老休致，在家裡過著閑散的生活。這時慈禧母家到底住那兒呢？根據「北平第一檔案館」《宮中雜件》第一二四七包的史料有這樣的記載：「鑲藍旗滿州，恩祥佐領下原任道員惠徵之女，年十五歲，辛丑年（道光二十一年）七月二十八戊時生，納拉氏，原任員外郎吉阿之曾孫女，閑散景端之孫女，原任副都統惠顯之外孫女，住西四牌樓劈柴胡同。」這位納拉氏應該是慈禧的胞妹，照單內推算自道光二十一年後十五年即咸豐六年，而慈禧早已入宮，顯然這是後來醇親王奕環嫡福晉葉赫那拉氏，也就是清光緒皇帝載湉的生母。依據單內所記當時的住地也就是慈禧的母家。所以讓我們知道慈禧最早的母家住所應是北京西四牌樓劈柴胡同。

北京西直門內新街口迤北二條胡同

咸豐六年三月二十三日（一八五六年四月二十七日）慈禧即當時的懿嬪分娩阿哥——載淳，咸豐帝二十六歲得子，對於儲位空虛的清皇室無異建立了大功。慈禧當天就晉封為懿妃。次年，咸豐帝頒旨：「懿妃著加封懿貴妃。」咸豐帝為加恩慈禧母家，遂有了改善慈禧母家居住環境的措施。咸豐六年十月至十二月的奏銷檔內有這樣的記載：「總管內務府謹奏；為請旨事。咸豐六年十二月初二日奉旨著查官房一所，賞給前任道員惠徵家，欽此。臣等遵即督飭管理官房租庫司員詳查之後。茲據查得西直門內新街口迤北二條胡同路北住房一所，共計六十二間，內正所房四十三間，門房間有歪閃，其餘尚屬堅固整齊，院落亦屬寬敞，堪以居住。其東所房十九間，大半糟舊坍塌等因稟覆前來。臣等伏查，此項房間正所既有四十三間堪敷應用，所有正所東所共房六十二間，可否賞給前任道員惠徵家居住之處，伏候命下欽遵。謹將房間數目另繕清單，恭呈御覽，為此謹奏請旨。」奉旨「依議」。總管內務府即行文通知鑲藍旗滿洲都統，轉飭該管佐領帶同該族長並惠徵家屬於十二月初十日接收房間。據《內務府官房租庫呈稿》咸豐七年一月至十二月內記載：「即於是日將此項房間以及內外檐裝修眼同指對清楚，均經照數接收訖。並將房間數目及內外檐裝修開寫清單，粘連執照，於十二月十七日咨送鑲藍旗滿洲都統衙門給發該故員惠徵家屬收執。」於是北京西直門內新街口迤北二條胡同內這就成了慈禧母家的第二個住處。

清咸豐皇帝死後，慈禧的兒子載淳繼承皇位是爲同治皇帝，慈禧被尊爲聖母皇太后。同治五年（一八六六）十二月初五日，慈禧太后以同治皇帝的名義將北京朝陽門內方家園胡同入官房間賞給她母家胞弟照祥居住，隨後她另兩個胞弟桂祥、佛佑也住到了方家園內。因此北京朝陽門內方家園胡同便成爲慈禧太后母家第三個住處。同治七年正月初十日，桂祥的長女葉赫那拉氏，在這裡出生也就是慈禧太后的姪女。光緒十四年慈禧太后爲德宗光緒聘焉，十五年正月立爲皇后。光緒三十四年宣統皇帝即位，稱兼祧母后，尊爲皇太后，上徽號曰隆裕。由於方家園同是慈禧太后及隆裕太后的母家，世有美稱：「一門兩世，正位中宮」。

依據吳漱溟著《慈禧外傳》說安徽盱眙人吳棠曾於慈禧護送父喪回京途中致贈賻儀，當慈禧自從掌握了用人行政的大權後，首先便特擢安徽知府吳棠調陞四川總督藉以報答厚惠。依前述惠徵逝世於咸豐三年六月初三日，當時慈禧早已入宮並號爲懿貴人，絕不能在鎮江護送父喪回京並接受吳棠的賻儀。而且吳棠同治六年十二月陞任四川總督前已作過江寧布政使兼署漕運總督，閩浙總督。因此也絕非特擢，顯然這是沒有根據的說法。

附錄七——(一)

清朝建築藝術的皇帝陵寢(一)

中國民俗向以孝爲天：父母在，辭官奉養父母終其天年曰終養，父母死其喪不可不守世稱終制。父母之喪，悲痛至於身世之終了，故曰終天。終制之禮，歷史悠久，孔子爲魯國中都宰時即制養生送死之節，中國歷朝相沿成習，滿清入關，清朝更遵古禮，先皇帝崩逝，嗣皇帝必克守終制，營建陵墓，訂兇禮以遵禮成服。

清代帝王陵寢的地面建築

清代帝王及后妃的墓地統稱陵寢，而實際上帝、后墓稱陵，妃嬪等人的墓稱園寢。清代帝王陵墓——採用寶城寶頂的形式，帝陵寶城形式多長圓形，在寶城之前尚有突出的方形台，台上建明樓稱之爲「方城明樓」，明樓內豎立皇帝或皇后等的謚號碑。總之清代帝陵的寶城寶頂和方城明樓構成的墳頭，不僅突出的顯示了帝皇陵寢的莊嚴氣氛，也增加了建築的藝術性。現就清代帝陵的地面及地下一般的建築情形分述於后：

甲、清代帝王陵寢的地面建築，主要有三個部份——

一、祭祀建築區：這是陵園地面建築的重要部分，用來祭祀的。主要的建築是祭殿，早期被稱爲用享殿，獻殿，寢殿，稜恩殿等等。明朝稱作稜恩殿，清朝稱作降恩殿。稜與隆的意義都是說祖宗恩德深厚的意思。在隆恩殿主殿的旁邊，有配殿、廊廡。前面有焚帛爐（燒紙錢的）、大門等建築。殿的後面有祭壇，明清時稱爲五供。

二、神道：是陵寢裏通向祭殿和墳前的導引大道，又稱作「御路」或「甬路」。神道純屬擺排場，而壯觀瞻的。這種神道每一個帝陵前都有，但是每個陵區內只有一條主神道，都以埋葬第一個皇帝的爲主神道。如河北遵化的清東陵區即以清世祖順治的孝陵神道爲主，其餘各陵神道均爲次神道，規模便較小些。

三、護陵監：這是專門爲保護陵園安全而設置的機構。清稱爲陵監，主要職責是保護看守祖宗的山陵，並視爲皇家特別重大的事情，相信祖宗有靈，保佑江山社稷永遠爲他們所統治，並以表示對祖先的崇拜永遠感恩載德。河北遵化的清東陵，除了各帝陵分設陵監之外，還專門修了一座新城，作爲護陵之用。

乙、帝陵地下的建築——主要的是地宮，也是陵墓中重要部份又稱爲「玄宮、」「幽宮」，因其結構豪華富麗，堪與帝王的人間宮殿媲美，故俗稱爲「地下宮殿」；由於地宮的建築是埋葬帝王身骨和殉葬大量珍貴物品的地方，因此一直是一個秘密之所。清代地宮，是以磚石建築，清東西陵區的地宮，現已開放的幾個來看，基本上仍繼承了明陵的形式。唯清東陵區乾隆的裕陵地宮內刻滿佛經和佛像，到目前還是一個孤例。

現在就依清代皇帝即位先後順序，分別各帝陵大概介紹於后：

依山傍水王者氣勢的「永陵」

清帝先祖：肇祖孟特穆，興祖福滿，景祖覺昌安，顯祖塔克世四座陵寢，統稱永陵。永陵原名興京陵，位於遼寧省新賓縣，啓運山南麓。永陵以啓運山爲屏風，前臨蘇子河與煙囪山相對，建於明萬曆二十六年（西元一五九八）。清太祖努爾哈赤於天命七年（西元一六二二）在遼寧省遼陽縣東北八里，太子河東建新都，名曰「東京」。

天命九年清太祖將其祖父母景祖翼皇帝翼皇后，及其父母親顯祖宣皇帝宣皇后自興京陵移葬東京城東北四里之楊魯山稱爲東京陵，約在清盛京（瀋陽）城東一百五十里。清世祖於順治八年（西元一六五一）十月封興京陵爲啓運山；東京陵山爲積慶山。但到了順治十五年（西元一六五八）世祖又將景祖、顯祖陵奉移東京陵而遷葬於興京祖陵。次年九月廿三日世祖尊稱興京祖陵爲永陵不再奉移了。永陵依山傍水而建，向有「鬱葱王氣烟靄」之勢。整個永陵區是由前院、方城、寶城三部分組成，四周以紅牆圍繞。陵區佔地約一萬二千平方公尺，南面前院正中爲正紅門，院內橫排著四座碑亭內豎立頌揚四位祖先的大石碑。碑亭東西兩側原有祝版房、齊班房、茶膳房，滌器房等建築。

碑亭之北，前邊方城中設享殿，左右壁上嵌五彩琉璃蟠龍，給紅牆黃瓦增添了色彩。城中正殿爲啓運殿，內設暖閣，寶座供奉神位、神牌。啓運殿前東西設有配殿，配殿前設明楚帛樓一座。啓運殿之後的寶城環列著四座陵墓，都是檢骨遷葬的，可能還有衣冠塚。永陵規模較小，方城也設有箭樓、角樓、馬道、陵寢之下也設有地宮。

清太祖高皇帝努爾哈赤和孝慈高皇后葉赫那拉氏的陵寢，稱爲福陵。位於清盛京（瀋陽市區）之東的天柱山傍，故又名東陵，它前臨運河，後倚天柱山。福陵初建於後金天聰三年（西元一六二九），康熙、乾隆兩朝都曾加增修，面積達十九萬四千八百平方公尺，陵寢四周繞以矩形繚牆。南面正中爲正紅門，門東西牆上，有嵌著蟠龍的琉璃壁，門前兩側對立著下馬碑、華表、石獅和石牌坊，門內神道兩側蒼松之間又排列著成對的獅、馬、駝、虎等石雕。

往北地勢漸高，利用天然山勢修築了「一百零八蹬」磚階。登石階，過石橋，正中爲碑樓。碑樓內立康熙帝親撰「大清福陵神功聖德碑」，碑樓左右有祭祀的茶、果房、滌器房、省牲亭等建築。再北爲城堡式的方城，南面正中爲隆恩門，上有三重檐的高大門樓，北面正中有明樓，中立「太祖高皇帝之陵」石碑。四角有角樓，城內正中建有隆恩殿，三楹，輔以東西配殿各五楹，爲祭祀之所，內供奉神位柱。正殿後立有石柱門和石五供，殿前設焚帛亭。方城後爲月牙形的寶城，也叫月牙城，上爲寶頂，下面就是埋葬死者的地宮。

關外規模最大最完整的「昭陵」

清太宗文皇帝皇太極和孝端文皇后博爾濟吉特氏的陵寢稱爲昭陵。位置在清盛京城北隆業山麓，故又名「北陵」。昭陵是清代關外諸陵規模最大的。昭陵的陵園建制與福陵相同，四周有繚牆圍繞，正紅門闢建於南面正中，門外也有下馬碑、華表、石獅、石橋和嘉慶六年增建的青石牌坊，位於門外正中，雕工精細，玲瓏剔透具有很高的藝術價值誠是一件巨作。正紅門兩翼嵌有五彩琉璃蟠龍壁，造型非常生動。門內神道排列的石獸群有獅子、麒麟、獬豸、駱駝、馬、象六對，其中「太白」、「小白」兩石馬，傳是太宗皇太極生前心愛的坐騎。神道北部正中建有碑樓，內豎康熙帝御筆親題：「大清昭陵神功聖德碑」高約五公尺有餘，重約十萬斤，碑樓旁襯以華表，使其更加突出。碑樓兩側有茶膳、滌器等房，後爲城堡式方城，它是陵園的主體建築，正中爲隆恩殿，建在雕刻精美的花崗石台基上面，殿闊有三間，頂是黃琉璃瓦，雕樑畫棟，富麗堂皇。以隆恩殿爲中心，東西有配殿，四角建有角樓，前有隆恩門，後爲明樓，樓中立「太宗文皇帝之陵」石碑。方城北部爲月牙形寶城，寶城之內爲寶頂，寶頂之下就是清太宗及其皇后博爾濟吉特氏的地宮。

前面的永陵、福陵、昭陵都在關外且在盛京附近，因此統稱盛京三陵或盛京祖陵。清代自世祖以後都葬在關內。清初關外三陵，不僅在建築布置上有其獨特的風格，並有濃厚的地方色彩，高大的陵園城垛，猶如皇宮的紫禁城，其規模雖不及前代明十三陵和清關內東陵西陵，但其建築藝術卻有其不可低估的價值。

附錄七—(二)

清朝建築藝術的皇帝陵寢(二)

關內的九座陵寢

清世祖福臨於西元一六四四年入關，代明而有天下，年號順治，康熙皇帝將清世祖葬於河北省遵化縣西北部馬蘭峪的孝陵。孝陵建在昌瑞山下，這也是營建清東陵區的開始，並以孝陵爲中心。整個清東陵地點的選定，是世祖自己選的。

自順治十八年建到康熙二年（西元一六六三）工程完畢才將世祖葬入地宮，隨葬還有孝康、孝獻（董鄂氏）兩皇后。整個清東陵區，從最南面的建築物——石牌坊直到孝陵的寶頂，這條長約十一華里的神道上，井然有序地排列著大紅門，更衣殿，大碑樓，石象生，龍鳳門，一孔橋，七孔橋，五孔橋，下馬碑，小碑樓，東西朝房，東西班房，隆恩門，焚帛爐，東西配殿，隆恩殿，琉璃花門，二柱門，石五供，明樓，寶城，寶頂等。並以此孝陵的神道形成中軸線。在中軸線兩側分出支道，通往其他各陵，形成完整的體系，每座陵墓自成小單元。陵區四周層層設置紅木樁、白木樁、青木樁。樁內禁止樵牧和耕種，稽查嚴厲，每年查報回乾樹木並不時予以補種。在青樁之外還有二十里寬的官山，全區佔地面積達二千五百多平方里。東起馬蘭峪，西至黃花山，北接霧靈山，南面有天臺、煙墩兩山相對峙，中間自然形成的出入口龍門，這是清東陵天然的環境。

清聖祖仁皇帝玄燁，葬於清東陵內清世祖孝陵以東稍南的景陵。聖祖生前於康熙二十年（西元一六八一）即開始營建景陵，規模僅次於孝陵，尤以隆恩殿內大柱聳立甚爲壯觀。同陵隨葬的有孝誠仁皇后、孝昭仁皇后、孝懿仁皇后、孝恭仁皇后、敬敏皇貴妃。從景陵向東有康熙太妃園寢和景妃園寢。

清世宗憲皇帝胤禛，生前選定北京西方修建清代第二個帝王陵區——清西陵。位於河北省易縣城西的永寧山下，東距北京二百四十餘里，離開清東陵，故謂清西陵。本來清聖祖康熙爲其父順治帝建孝陵，開創了清代子隨父葬，祖業衍繼的「昭穆之制」，但到了清世宗時選建清西陵才發生變化，至於改變的原因很多，如東陵一帶沒有相宜之處，或因「形局未全」，或因「穴中之土又帶砂石」，遂在東陵找不到「理想」建陵之地爲由，便避開自己葬在祖陵，而把陵地選得遠離東陵數百里之外的西陵。世宗生前在易州境內泰寧山下天平峪的「萬年吉地」修建自己的泰陵，這也是清西陵的肇建工程。泰陵前的神道約五里多長，神道由三層巨磚舖成，寬闊而平坦，排列的石象生形像逼眞。神道兩邊蒼翠的松牆，層次分明，道中有作爲影壁的小山，小山後是龍鳳門，它有四壁三門。

神道北端是三座三孔石橋，橋下有玉帶河，過橋有小碑亭，亭內碑上用滿漢蒙三種文字刻出皇帝的謚號。小碑亭北面是一片廣場，廣場北面平台上，有東西朝房各五間和東西守護班房。門內左右，各有燒祭文、金銀錁和五彩紙帛用的琉璃焚帛爐一座，門北是東西配殿，廣場正面月台上，建有隆恩殿，面闊五間，進深三間，重擔歇山黃瓦頂，殿內有三個暖閣，其一供奉佛像，另二個供有皇帝皇后的牌位，每年大祭小祭都在此舉行。隆恩後面是三座門、二柱門、石五供、方城明樓。明樓內的朱砂石牌，用滿漢蒙三種文字刻著皇帝的廟號。從明樓再通往寶城，寶城上面是寶頂，下面就是地宮。泰陵中與清世宗合葬的有孝敬憲皇后、敦肅皇貴妃。清西陵以泰陵爲中心，居於永寧山（泰寧山）與大紅門之間的直線上，其他的諸陵就分別置於直線兩側。整個清西陵區，建築面積達五萬多平方公尺，而且組成格局和東陵大致相同，其中以西陵大紅門前的一單路五孔橋，造形特別優美，如同長虹飲澗、新月懸空，最爲奇景。

獨具匠心的「裕陵」

清高宗純皇帝弘曆，葬於清東陵區的裕陵，並未髓葬其父泰陵之鄰。裕陵位於世祖孝陵以西的勝水峪，占地約六百九十餘畝，裕陵的特點在它的地宮，傳統的拱劵式石結構，有三室四道石門，構成主字形。地宮進深達五十四公尺，面積有三百二十七平方公尺。地宮除地面以外四壁和劵頂都布滿各種佛教內容的石雕刻；主要有八大菩薩，四大天王，五方佛，石五供，八寶以及用梵文和藏文鐫刻的數萬字的佛經咒語。所有這些雕刻工藝卓絕，線條清晰流暢，形態逼眞，儘管圖案繁多，但安排得既不繁複雜亂也非千篇一律，有主有從，獨具匠心。地宮所表現的是帝皇驕奢淫逸生活另一面的寫照。

裕陵的另一特色——「神道兩旁響石欄板」——神道上七孔大石橋兩邊各用二百二十塊精選的響石做

爲欄板，按中國古代音律宮、商、角、徵、羽的音階次序排列，擊之便能發出金屬性的樂聲，誠是一絕。裕陵以西一里有裕妃園，葬有乾隆帝的皇后烏喇那拉氏和皇貴妃及妃嬪貴人等三十五人。

清仁宗睿皇帝顒琰，逝世於嘉慶二十五年七月廿五日戌刻，葬於河北易縣清西陵區的昌陵，隨葬者是清仁宗的孝淑睿皇后喜塔臘氏。昌陵的隆恩殿大柱包金飾雲龍，金碧輝煌，地面用較貴重的花斑石墁地，黃色的方石板上帶有紫色花紋。光滑耀眼，如同滿堂寶石，別具特色。

清宣宗成皇帝旻寧，葬於昌陵西南的龍泉峪，宣宗陵最初開選在清東陵的寶華峪，後因發現地宮浸水無法使用，便改回在清西陵龍泉峪興建慕陵。清宣宗認爲地宮浸水，可能是群龍鑽穴，龍口吐水所致。如果把龍都移到天花板上，就不會在地宮裏吐水了。於是便在西陵中用全係楠木雕成許許多多的龍，布滿天花藻井造成「萬龍聚會」，「龍口噴秀」的氣勢。因此在慕陵的隆恩殿別具一格，不僅天花板上每一小方格內都有龍，而且樑坊、雀替，全是楠木雕成的游龍和蟠龍，表面都不飾油彩，保持原木本色，這些龍都張口鼓腮，噴雲吐霧，形成特有的楠木香氣撲鼻而來之勢。由於慕陵既沒有方域也沒有明樓，地宮之地只有石圈，成爲清東西陵的帝陵中規模最小的。

清文宗顯皇帝奕詝，葬於河北省遵化縣平安峪東陵的定陵。清文宗咸豐帝繼位之初，便動工修建定陵。後因第二次鴉片戰爭爆發工程被逼擱置。咸豐帝死時，工程尚未完成，直到同治四年（西元一八六五）九月，定陵才全部竣工，咸豐帝始葬入定陵。定陵地宮中隨葬有孝德顯皇后。另有兩處后陵即普祥峪的定東陵及普陀峪的定東陵。

清穆宗毅皇帝載淳，在位十三年，享年十九歲，是清代最短命的皇帝，葬於清東陵康熙景陵東西方六里雙山峪的惠陵，隨葬著他的皇后嘉順皇后。在惠陵以西半里另有惠妃陵，便是同治帝的妃陵。

中國最後一座皇帝陵寢

清德宗景皇帝載湉，葬於河北易縣清世宗泰陵東方的崇陵，是現存清帝陵中最新的一座。自清宣統元年（西元一九〇九）破土興建，至民國四年（西元一九一五）竣工。崇陵建築極爲工巧。陵園儀樹院中有罕見的羅漢松和銀松。崇陵地宮中合葬光緒帝的隆裕皇后。附近建有崇妃陵：是兩座圓丘墓分別葬著光緒帝的珍妃和瑾妃姐妹，非常凄涼。

清朝末代皇帝溥儀，在位三年退位，中華民國建立，他做了十三年紫禁成內的關門皇帝。抗戰勝利，溥儀成了階下囚，從此不得志，終於民國五十六年十月十七日二時卅分卒於北平人民醫院，享年六十一歲。由於未建陵，遂葬入北平八寶山公墓。

總之，清代皇帝的陵寢：關外有三陵——永陵、福陵、昭陵。關內分東西兩陵——清東陵有五座：孝陵、景陵、裕陵、定陵、惠陵。清西陵有四座：泰陵、昌陵、慕陵、崇陵等。總計十二座帝陵，分別埋葬了各個皇帝榮華富貴的一生，陵園修建都極盡了富麗堂皇之能事，更耗費了無數的人民血汗，唯一彌足珍貴的是流傳下清代建築藝術，也表徵了清代帝皇生活的奢侈浪費！

附錄八

清宮九九消寒圖

清代皇宮紫禁城所在地——河北省，位於北緯三十五度到北緯四十度之間，屬中國華北類氣候，氣候特色爲夏熱多雨，秋高氣爽，冬寒晴燥，春多風沙。冬季氣溫低於攝氏零度者達二至三個月，而七月氣溫則常達攝氏二十五度左右。河北省內部屬大陸性氣候，夏秋之交熱浪如焚；但入冬以後冰堅似石，春季始漸融解。但因北平清宮略近渤海，受海風調劑，酷暑嚴寒之苦稍減，而寒冬至少也有兩個多月。

清宮又名紫禁城，外有皇城、內城、外城。平時警御森嚴，出入極不方便，未經皇帝宣召不得入宮進謁，既使要出宮亦須得旨才行。清代自順治帝於順治元年五月己丑（初二）（西元一六四四年六月四日）入紫禁城建立清朝迄宣統溥儀於民國十三年十一月五日（西元一九二四）出宮，共歷二八一年。清宮內院範圍遼闊，宮殿建築林立，三宮六院，宮內太監宮女等服務人員幾近萬人。二個多月的冬天，處處冷冷凄凄，長夜漫漫，雖然屋內有火爐取暖，但屋外總是天寒地凍，行動極不方便。清道光皇帝遂想了一個消遣辦法。在各寢宮寢殿懸掛「九九消寒圖」。所謂九九即自冬至翌日起數，歷八十一日。荊楚歲時記云：「九盡寒盡」。蘇軾有詩云：「算來九九無多日」都是指九九而言。每年清宮在冬至前由內務府常儀司統一刷印「九九消寒圖」貼在木牌上，懸掛在各宮各殿。消寒圖是書「亭前垂柳珍重待春風」九個字，採雙鉤廓塡字體，每字均由九道筆劃組成，共爲八十一筆，符合九九之數。應有迎春之意，因此題名「管城春滿」，表示著筆成而春滿庭。每年寒冬來臨，從冬至後第一天算起名曰「入九」，由皇帝開始塡寫第一筆，每日一筆，九日寫完一字，九個九日共爲八十一日，到那時便算「出九」。從「冬至」，經「小寒」、「大寒」、「立春」、「雨水」、「驚蟄」等節氣，數九寒天即告過去，美好的春天已經來臨。

如此每歲相沿，遂成清宮故事。後來也有用「庭前」代替「亭前」，或有用「春前庭柏風送香盈室」等句子的。現在北平故宮養心殿清代皇帝的寢宮內還掛了個「九九消寒圖」哩！

附九九消寒圖係自仿製

附錄九

建立故宮博物院的功臣
——馮玉祥

國立故宮博物院成立於民國十四年十月十日，至民國八十四年十月十日已滿七十個年頭。故宮博物院在這段七十年間的辛苦歷程，敘述著作已非常豐富；惟對初期創立故宮博物院的功臣馮玉祥，卻很少介紹。

西元一九一一年十月十日， 國父孫中山先生領導的辛亥革命成功，推翻了滿清統治，建立中華民國。次年（民國元年）二月十二日（宣統三年十二月廿五日），清皇帝溥儀宣布退位，頒布退位詔書並下詔公布優待皇室各條件；其中第三條規定大清皇帝辭位之後，暫居宮禁，日後移居頤和園。從此統治中國的是民國政府；但是溥儀仍然住在紫禁城的後半部，也就是明清兩朝所稱的內廷，除享有「大清皇帝」尊號，不但不用民國紀年，卻沿用宣統年號，更享受中華民國對待外國君主之禮的待遇。在溥儀未退出紫禁城之前，北京上任的中華民國歷任總統，包括袁世凱、黎元洪、徐世昌、張勳、曹錕等，都曾向這位下台的宣統帝遞過「國書」，向他請安問好。國立故宮博物院就藏有「袁世凱謝宣統帝遺代表賀就職」及「民國總統袁世凱受任大總統致清宣統溥儀之國書」等二件國書。在宣統遜帝的內廷裏仍然有一批清朝的遺老舊臣，頂戴補服，向遜帝跪拜稱臣；更有大批太監、宮女、侍衛供這小皇帝和皇室人員役使。尚且還有所謂內務府、宗人府等衙署爲遜帝和皇室人員操辦事務。此時溥儀居住的內廷，嚴然以「小朝廷」自居，並未將退位優待條件看在眼裏。由於遜清皇帝的這些不當行動，引起人民普遍不滿，政府官員也不滿。民國三年十二月廿六日，民國政府爲平民怨遂接受參議院的建議，制定了七條「善後辦法」。規定遜清皇室必須通用「民國紀年」並廢止與現行法令抵觸的一切行爲，而要求裁撤愼刑司等等。但遜清皇室並未照辦，依然固我，並不把「善後辦法」放在眼裏。甚至在民國十一年十二月一日溥儀結婚，依然沿用過去清帝大婚的排場大辦喜事三天，舉行大婚典禮後，到景山壽皇殿拜謁清代列祖列宗，第三天「帝」、「后」在乾清宮接受中外來賓千餘人祝賀，登記送禮人姓名物品的紅冊，就達厚厚兩大本。誠未將民國政府放在眼裏，如何對得起爲推翻滿清的革命先烈先賢。因此引起國民普遍不滿；但清朝遺老舊臣卻爲維護遜清與國民意識背道而馳。尤有甚者，民國六年七月一日的張勳復辟行動，又將溥儀推上皇位達十三日之久。七月十三日復辟雖告失敗，溥儀退位。但繼任大總統馮國璋，國務總理段其瑞，對「小朝廷」卻依然禮儀如前，毫無懲罰之意。爲此有些北洋軍界，有些愛國爲民之士，於七月十四日共同電請取消清室優待條件，認爲保留遜清皇室帝號，「實爲民國貽羞，歷史污點，釀亂之源。」這些愛國爲民之士中，以北洋軍閥隸屬直系的馮玉祥，他的意志最爲堅定，力主非取消清室優待條件，驅逐溥儀出宮不可。由於他的努力及堅持，在他的手裏，溥儀終究於民國十三年十一月五日退出了紫禁城，成爲平民。也使清室宮苑完全歸政府平民所有。

馮玉祥，字煥章，安徽巢縣人，光緒八年（西元一八八二）生。光緒二十三年入伍，二十七年入淮軍元字前營任副教席，次年改投袁世凱武衛右軍，三十一年武衛右軍改爲第六鎭，任隊官。三十三年隨徐世昌赴奉天，駐防新民，參加武學研究會密謀革命。宣統二年任第二十鎭四十協八十標三營管帶。宣統三年十月駐河北灤州（今灤縣），參加二十鎭新軍張紹曾、吳祿貞等領導下的革命行動，十月卅一日張紹曾扣留自奉天運往關內軍火，並組成「燕晉聯軍」，進攻北京。不久吳祿貞被袁世凱派人暗殺，張紹貞被調離，起義失敗。十二月卅一日駐灤州第四十協統領蕭廣川，管帶施從雲、王金銘、張建功、鄭金聲、馮御香（玉祥）等，電袁世凱及伍廷芳、唐紹儀，主張共和。次年（西元一九一二）一月施從雲、王金銘受同盟會指示發動起義，成立「北方革命軍政府」宣佈灤州獨立，袁世凱便派曹錕等帶兵鎭壓，施從雲、王金銘遇害，起義遂告失敗。馮玉祥因參加灤州起義，被遞解至保定，旋爲陸建章保釋，加入陸建章左路候補軍任營長。民國二年九月任第十六混成旅旅長，曾率部入川。民國五年被調往保定。次年六月回任第十六混成旅旅長。七月參加討伐張勳復辟。民國十一年十月調任陸軍檢閱使。次年五月兼任西北邊防軍督辦，十一月授將軍府揚武上將軍。民國十三年九月十七日第二次直奉戰爭爆發，馮王祥受吳佩孚之命任直軍第三軍總司令，率部進駐古北口，擔任左翼作戰任務。其時馮玉祥與直系援軍第二路司令胡景翼，京畿警備副司令孫岳秘密策劃倒戈反直行動。十月十八日直軍失利，吳佩孚下令對奉軍發動總攻擊。正當此前方緊急後方空虛之時，馮玉祥乘機于十九日從古北口，密雲、懷柔、高麗營前線秘密率部急行軍回師。二十三日凌晨進入北京，迅速佔領了京內各重要據點，交通要道和通訊機關，並包圍總統府，軟禁了賄選總統曹錕，接管了全城的防務。二十四日馮玉祥並迫使曹錕下令直軍前線停戰，並撤消了吳佩孚本兼各職。吳佩孚率領下的直軍，在奉軍（張作霖的軍隊）及馮玉祥組成的國民軍夾擊下幾乎全軍覆滅。吳佩孚遂由天津乘船浮海南逃，他的勢力便完全消滅。接著馮玉祥又迫使顏惠慶內閣辭職，曹錕也宣告退位，支持由黃郛（膺白）攝行總統職務。至此直系軍閥控制的北京政府，由於馮玉祥的武裝政變宣告結束，並於十月裏組成了黃郛攝政內閣。但馮玉祥爲北洋軍閥各實力派所忌，而各國帝國主義爲了自身利益，也不斷對馮施加壓力。同時長江流域各省的直系軍閥，也公開反對北京攝政內閣，隨時可能揮軍北上。處在這樣的情勢下，馮玉祥遂決定聯皖制直，接受讓段祺瑞組織政府的建議，請避居天津的段祺瑞出山。十一月十日，馮玉祥、張作霖到天津會見段祺瑞，決定推段爲中華民國臨時執政府總執政。段祺瑞于二十一日通電全國宣布接受就任臨時執政，並於二十二日入京，二十四日就職並發表就職宣言，頒布臨時政府條例任命各部總長。二十五日黃郛攝政內閣解職。同時馮玉祥的勢力便退出北京，但在這短短一個月時間內，馮玉祥聯合黃郛內閣卻完成了驅除清遜帝溥儀遷出紫禁城的大事。

馮玉祥爲什麼有如此強烈的意願，要驅除溥儀出宮呢？馬玉祥雖出身于北洋軍閥系統，但內心卻支持革命，對　國父孫中山先生夙懷景仰之情；在灤州起義時，就明確反對張紹曾維持君主立憲主張，認爲非推翻清朝帝制不可。民國四年袁世凱要稱帝時，曾封馮玉祥「男爵」，他爲此抱頭痛哭，他說：

「這是我馮玉祥的極大侮辱，不把袁賊鏟除，不把帝制推翻，對不起灤州起義的弟兄們。」他參加了反袁護國運動，加速了袁世凱的敗亡。張勳復辟清朝帝制時，馮玉祥更率部由廟坊直搗北京，曾下令砲轟紫禁城，但爲段祺瑞阻止。他曾發出通電，主張：「取消清室優待條件，驅逐溥儀出宮，四百萬元優待金即行停付。（宣統三年十二月廿四日退位優待條件第二款：大清皇帝辭位，歲用四百萬兩，俟政府鑄新幣後，改爲四百萬元。此款由中華民國撥用。）取消宣統名號，令溥儀爲平民。所有宮室及京城內外，清室公地園府全收歸公有，以便公用。嚴懲叛逆諸犯，以遏奸邪復萌。」他始終以修改清室優待條件爲務。昔日北洋派首領們爭先恐後攀結溥儀「小朝廷」，甚至跪拜稱臣不以爲恥，反以爲榮。唯獨馮玉祥不但他本人，連他的親近屬下也從來不與清室來往。而且馮玉祥在民國十一年至十三年間，與孫中山先生有了間接的往來。孫中山先生寫成「建國大綱」之後，手稿曾由孔祥熙轉交給馮玉祥，馮玉祥仔細認眞地看過，對孫中山先生更加欽佩。手稿後交還給宋慶齡。從此以後，孫中山先生便經常與馮玉祥保持著聯繫。國民黨內重要人物李烈鈞、馬伯援、張繼、李石曾等人也常作爲孫中山先生的代表去見馮玉祥，並向馮玉祥轉達孫中山先生的主張與兩廣革命的信息。馮玉祥於北京政變成功後，曾三次致電孫中山先生，邀請其北上共商國家大計，一心想請中山先生北上指導一切。但因孫中山先生身體不適，遲遲未能成行，直至民國十三年十二月三十一日才到北京。但此時馮玉祥在北京的勢力及黃郛的攝政內閣分別各爲奉系軍閥張作霖及段祺瑞臨時執政政府所取代。

馮玉祥於民國十三年十月發動北京政變後，便組成國民軍，共轄三個軍，自任總司令兼第一軍軍長，維持北京地區治安，總司令部設在旃檀寺。十一月二日迫曹錕辭職，由黃郛組成攝政內閣，代行大總統職權。當時北京警備總司令鹿鍾麟，發現了遜清皇室的動向，㈠溥儀將重要文件和一包貴重物品交給他老師莊士敦，請他存入匯豐銀行。㈡溥儀出宮前兩天，又把養心殿保險櫃裏的一些便于攜帶的珍珠手串等物，分裝入兩個小手提箱裏。顯然準備帶出宮去。鹿鍾麟便向馮玉祥、黃郛報告溥儀的動向，建議採取斷然措施，否則紫禁城內的寶物遺失將更加嚴重，而溥儀陰謀復辟的機會更有可能。況且馮玉祥也一再對鹿鍾麟說：「在中華民國的領土裏，甚至在首都的所在地，居然還存在著一個廢清小朝廷。這不僅是中華民國的恥辱，也是中外政治陰謀家隨時企圖利用的孽根。現在稍明事理的人，無不以留辮子爲可恥。留溥儀在故宮，就等於給中華民國還留著一條辮子，這是多麼令人羞恥的事。」因此馮玉祥向黃郛建議驅逐溥儀出宮，修改優待清室條件，並籌組善後委員會。黃郛採納了馮玉祥的建議，並於十一月四日連夜召集國務會議，討論這個議案。並完成驅逐溥儀出宮決議。根據這個決議，黃郛攝政內閣於十一月五日修改清室優待條件。內容如下：

今因大清皇帝欲貫徹五族共和之精神，不願違反民國之各種制度仍存于今日，特將清室優待條件修正如左：

第一條：大清宣統皇帝即日起永遠廢除皇帝尊號，與中華民國國民在法律上享有同等一切之權利。

第二條：自本條修正後，民國政府每年補助清室家用五十萬元，並特支兩百萬元開辦北京貧民工廠，儘先收容旗籍貧民。

第三條：清室應按照原優待條件第三條，即日移出宮禁，以後得自由選擇住居，但民國政府仍負
　　保護責任。
第四條：清室之宗廟陵寢永遠奉祀，由民國酌設衛兵妥爲保衛。
的五條：清宮私產歸清室完全享有，民國政府當爲特別保護，其一切公產應歸民國政府所有。
中華民國十三年十一月五日（此係根據民國十三年十一月六日政府公報，記載「修改清室優待條件」）

民國十三年十一月五日上午十時，根據閣議由京師警備總司令鹿鍾麟，京師警察總監張璧會同社會知名人士李石曾（煜）等攜帶攝政總理的指令，及修改清室優待條件，直趨紫禁城與清室內務大臣紹英和榮源接洽。鹿鍾麟等告以攝政內閣已修正優待條件，要求溥儀即日廢去尊號，交出宮殿及印璽，並商改優待費爲每年五十萬元。紹英當即報告溥儀，召集「御前會議」，決定對修改優待條件全部接受，並允移出宮禁，將國璽及宮殿全座，均交還國民政府。延至下午三時，溥儀及其妻妾並少數太監宮女。即偕同鹿鍾麟、張璧、紹英等分乘汽車五輛，匆匆出宮，移居後海德勝橋溥儀生父載灃之「醇王府」，由鹿鍾麟派兵保護。驅逐溥儀出宮終告實現。

馮玉祥主導修改清室優待條件，趕溥儀出宮爲平民，得到　國父孫中山先生的稱讚。十一月十一日　國父孫中山先生致電馮玉祥：「此舉實大快人心，無任佩慰。復辟禍根既除，共和基礎自固，可爲民國前途賀。」（孫中山全集第十一卷三〇二頁）。其他國民黨人如張繼、王法勤、丁惟汾等都通

電熱烈歡迎與支持。

清宮裏存放著大批珍寶及其他財富，內中公私間雜。溥儀出宮後，李石曾奉命帶領接收人員入宮執行任務。十一月七日，國務院令組織清室善後委員會，由李石曾負責。從十日開始查封故宮。十三日查封完竣。國務會議也於十日討論通過「清室善後委員會組織條例」。二十日清室善後委員會正式宣佈成立。委員長由李石曾擔任，委員十四人，其中包括紹英等五人清室代表。這個機構的任務，是接收清室財物，分別審查其公私性質，將公物交付主管機關，私物還給溥儀，進而知道宮內到底有些什麼，並可將物品集中分類，佈置陳列，然後公開展覽。故宮點查工作，自民國十三年十二月二十四日正式開始，至民國十四年九月底已大致完成。故宮私物由善後委員會還給溥儀。公物點查後亦經委員會編寫報告公佈以昭大信。但爲確保故宮文物永歸全國人民所有，清室善後委員會力主成立故宮博物院。不顧清室遺老及軍閥官僚們想盡方法從中作梗，或從旁阻攔，力排困難，委員會就一面點查一面開始從事作博物院的籌備。終於在民國十四年十月十日，故宮博物院正式成立。當日下午二時舉行開幕典禮，並開放爲公共遊覽勝蹟。值得特別注意的事，即在溥儀出宮後，清室善後委員會，在故宮養心殿中，查出所謂賞賜帳本。帳本上所載僅唐宋元古代繪畫賞賜親近僚屬名義，從宮中拿走就有一千多件，宋元版善本書籍也有二百多種，而無帳可查的就不計無數了。因此若不是馮玉祥於民國十三年十一月五日驅逐溥儀出宮，非但不可能有故宮博物院的建立，也可能給人民的將是空空如也，坍塌倒壞的紫禁城而已。總之，馮玉祥除了絕滅清室復辟禍根，完成革命大業。更保護了中華文物，開創故宮博物院千秋偉業。

淺談「石闌干」「抱鼓石」「華表」

「闌干」一詞古有兩層意義：一是縱橫，《吳越春秋》中〈句踐入臣外傳〉：「言竟，掩面涕泣闌干。」一是欄杆，《史記索隱》引〈纂要〉：「宮殿四面欄，縱者云檻，橫者云楯。」即欄檻，欄楯都是欄杆的意思。實際上「欄杆」一詞確實由縱橫闌干蛻變而來的。一般宮殿寺廟樓閣的建築，由於「臺基」被修築得很高，人上臺基去自然擔心栽下來，用縱橫幾根木杆欄起來，就是最原始的欄杆。「欄杆」也稱「勾欄」，其功能是用於安全，沒有承擔任何重量。如果把欄杆處理得玲瓏剔透，且不遮檔前後景物這是最理想的。正因爲如此，它很有詩意，才子佳人生活在書齋畫閣的環境裏，所產生許多膾炙人口的詩詞章句中，出現不少「欄杆」這個詞。如李白——（清平調）：「名花傾國兩相歡，長得君主帶笑看。解識春風無限恨，沈香亭北倚闌干。」如周邦彥——（過秦樓）：「……人靜夜久憑闌，愁不歸眠，立殘更箭……。」如張泌——（寄人）：「別夢依依到謝家，小廊回台曲闌斜。多情只有春庭月，猶爲離人照落花。」又如李後主（李煜）——（虞美人）詞：「春花秋月何時了？往事知多少！小樓昨夜又東風，故國不堪回首月明中。雕闌玉砌應猶在，只是朱顏改。問君能有幾多愁，恰似一江春水向東流。」寫有欄杆的詩詞如此淒美，看來中國古代知識階層對自己身旁的欄杆是非常欣賞而不能忘情的。

最早的欄杆是木製的，即使現在的石欄杆仍保留著木欄杆所有的部件，由於適應石料而各部分加粗了些。用石材來做欄杆，如果是矮牆性質，那一定很早就能產生；但是如果用石材做成很細緻的欄杆，那麼是較晚的事情。如南京棲霞山五代時造舍利石欄杆，它比例尺寸也是仿木欄杆的。值得注意的隋唐以前仿木的石欄板尚未發現，趙縣大石橋的隋唐欄板，有的整塊石板雕花，有的仿木結構。明清時代的欄杆，特別是石欄杆，雖然樣式很多，但仍可以歸納爲六大類：

(一)望柱、尋杖和欄板齊全的，這是最通常的欄杆，幾乎百分之八十是這種樣子。

(二)祗有望柱和尋杖而沒有欄板的。

(三)祗有望柱和欄板而沒有尋杖的，如五台山南山寺月台欄杆，武昌琴臺欄杆和湖南芷江天后宮欄杆等就是這種。

(四)羅漢欄板，只有欄板而不用望柱，尋丈的石欄杆。這種式樣在北平郊區的石橋上常用，欄板兩端並用抱鼓石，此種欄板頗爲雅素，而有園林氣氛。

(五)石坐凳欄杆，在花園裏或山中，廟內常用長石條擱在石墩子上或矮石柱側，作爲矮欄杆，可坐著休養及遠眺。此種欄杆是園林內絕不可少的東西。

(六)木石欄杆，在園林內尙常用另一種欄杆很是可愛，是先用石望柱（長腰鼓形）高約二尺許，每隔六、七尺立一根，然後在柱間橫施木尋杖（圓形）二條。這種木石欄杆，多用於水池邊或山石上都是很合適的。

欄杆由於樣式多，變化大，允許設計者發揮個人獨到的匠心。因此欄杆的部件——望柱、欄板和寶瓶雲拱等件都有許多別出心裁的構思。如望柱頭有方的、圓的、水果形的、蓮瓣形的，飛禽走獸和人像形的，千奇百怪不一而足。如清代皇宮紫禁城欄杆望柱頭的圖案裝飾，隨著使用功能要求的不同而有變化。清宮「前朝」三大殿——太和殿、中和殿、保和殿是清朝皇宮的中心部位，也是皇權的象徵，因此作爲它基臺的三臺欄杆的望柱頭，都採用龍鳳紋飾圖案，而三大殿四隅崇樓周圍欄杆的望柱頭由於建築物本身地位次要，望柱頭上的紋飾也就採用較次要的二十四節氣的圖案。花園中的亭臺樓閣周圍所用欄杆望柱頭的圖案是石榴頭，雲頭，仰覆蓮，竹節紋。武英殿東斷虹橋兩側的石欄杆望柱頭的雕刻最突出，望柱頭成荷葉狀，葉邊翻轉折疊，生動自然荷葉上還盛開的蓮花，有三層花瓣包著蓮蓬，頂上雕有獅子，姿態各異，雌雄有別；有的昂首挺胸正襟端坐；有的側身轉首回環四顧；雄獅戲耍繡球，母獅撫弄幼子，那些小獅子大的只有十厘米，小的僅幾厘米。他們在母獅身旁爬、翻、滾，伏有如小兒之撒嬌，頑皮天眞極爲生動。這些精美的雕刻，是紫禁城宮殿保存下來望柱頭中的極品佳作。

一般主體建築物石欄干四周望柱的底部伸出圓雕形的龍頭又稱螭首俗稱石螭首，其唇間小孔裏實爲排水機能的藝術裝飾。清宮外朝三大殿，三層重疊須彌座臺望柱下有石螭首共有一千一百四十二個之多，每當下雨天就可以看到三臺千龍噴水蔚爲奇觀。

欄杆的主體——欄板，它的組成分尋杖、荷葉淨瓶、華板三部。其中花紋變化較多是華板部分，有的刻海棠線紋、竹紋、水族動物、方勝、夔龍等圖案。欽安殿更具有特點的穿花龍華板，雕刻有精美的圖案，其中心部位是兩條行龍，一條在追逐火焰寶珠；另一條在前面回首相戲，鬚髮飄動，鱗爪飛舞，神態活現。龍的襯底是各種花卉，每塊欄板的花紋組織又各不相同，欄板周邊是統一的二方連續圖案，其下是錦地，上邊為卷草紋，整個畫面組織得極為和諧。

欄杆設計也和一篇文章一樣，有序幕，高潮和尾聲。每當欄杆隨臺階由昇而降，當其到達平地時不能嘎然而止必須給以商當的終結，那麼欄杆盡頭的獅子和抱鼓石就是最完美的收場。抱鼓石在明清以後的欄杆及小木作石作上是常見的，不過在宋代還無此物，可能始於元代。抱鼓石不止用於欄杆，在宮殿，寺廟以至民居大門的兩側，或石牌坊立柱的前後也同樣用抱鼓石。抱鼓石也是發揮美術設計最理想的地方，有的剔地突起雕出纏綿細麗的花紋，有的雕出旋轉的花瓣，更多的是以高浮雕的手法雕琢幾隻旋轉追逐的小獅子，其嬉戲鬥耍之狀更惹人喜愛。

華表是古代用以表示王者納諫或指路的木柱。晉崔豹《古今注》下（問答釋義記載）：程雅問曰：「堯設誹謗之木何也？」答曰：「今之華表木也。以橫木交柱頭，狀若花也，形似桔槔（井上汲水的工具），大路交衢悉施焉。或謂之表木，以表王者納諫也，亦以表識衢路也。秦乃除之，漢始復修焉，今西京謂之交午木。」後來華表改為石柱立於宮殿，城垣或陵墓前面以垂永久，作為紀念或表功績的。華表柱身往往刻有花紋。北魏楊衒之《洛陽伽藍記》（三龍華寺）：「宣陽門外四里，至洛水上浮橋，所謂永橋也。……南北兩岸有華表，舉高二十丈，華表上作鳳凰似欲沖天也。」石柱華表基部四周以矮的石欄杆圍起來，大多成八角形或四角形。華表頂部裝飾著蹲獸，名叫「望天吼」。北平民間廣泛流傳著關於它的傳說。「望天吼」高踞華表頂，時刻注視著帝王外出的行動，它勸戒帝王不要在外荒淫遊樂，每當帝王遊樂久久不歸時，吼就托夢給帝王：「國君呀！你趕快回來料理國事吧！吼盼望您回來，眼睛都快望穿了。」因此「望天吼」又有個名字叫「望君歸」。後來人們就叫華表的石柱叫「望柱」。如蹲獸頭朝外叫「望君歸」；如蹲獸頭朝內叫「望君出」希望帝王能去探訪民隱才能了解民間實情。

石欄杆、抱鼓石、華表三樣東西本來是大建築物的陪襯，雖然都是附件，但紅花也要綠葉配。古建築物有了它們，除了增添藝術設計的園地外更使建築物古意昂然，氣象萬千，並多保留下歷史文物。

附錄十一

五百年紫禁城二百人掃地三千人掃雪

紫禁城位置在北平市中心，原來是中國明清兩代的皇宮，明代的十四個皇帝；包括明成祖、明仁宗、明宣宗、明英宗、明景宗、明憲宗、明孝宗、明武宗、明世宗、明穆宗、明神宗、明光宗、明熹宗、明毅宗也就是崇禎皇帝，和清代的十個皇帝：包括清世祖（順治）、清聖祖（康熙）、清世宗（雍正）、清高宗（乾隆）、清仁宗（嘉慶）、清宣宗（道光）、清文宗（咸豐）、清穆宗（同治）、清德宗（光緒）、清宣統帝，自明永樂十八年（西元一四二〇）至清宣統三年（西元一九一一），歷時四百九十一年先後在這裏發號施令，統治中國。按照中國古代對太空星球的認識和幻想，說有個紫微星垣（是指北極星），位於天上中間，衆星環繞，位置是永恆不移的，是天帝居住的，稱作紫宮，並引用他「紫微正中」的意義，來象徵世上皇帝的居所。而且皇帝所居的宮殿是個禁地，戒備森嚴，不許平民越雷池半步。因此這明清皇宮就有紫禁城的名稱，也因宅歷史悠史所以也稱爲故宮。民國十四年始成立故宮博物院。

紫禁城是明成祖朱棣在位時營建的。明太祖朱元璋建國時，定都金陵，稱爲南京，封他的四子朱棣爲燕王，駐守北平府（北京）。朱元璋逝世後，太孫建文帝繼位，朱棣不服，用武力攻取了南京，承繼了皇位，就是明成祖，年號永樂。在永樂四年（西元一四〇六）下詔將都城遷回他的駐地北平。並自永樂四年開始大興土木修建北京宮殿祭壇廟宇並加修城垣，直到永樂十八年九月九日紫禁城宮殿大致落成。遂定北京爲京師，並將北平府改稱順天府，這就是紫禁城的由來。

北平最外圈的城牆，有九個城門樓，東西北三邊各二門，南邊有三門。內圈尚有皇城；但現在大部份的皇城城牆已被拆除。皇城之內，才是紫禁城，也就是皇宮。俗語說：「北平有個大圈圈，大圈圈之內有個小圈圈，小圈圈之內尚有個皇圈圈。」這皇圈圈指的就是紫禁城了。南面的皇城留有三個城門，最南的是大清門，明代稱大明門，民國後稱中華門。向北有天安門，也就是明代的承天門，是順治八年重建後改名。這個門是皇城的正門，明清兩代凡國家有大慶典，要施恩並頒布詔書於天下都在此門樓上舉行，將恩旨上諭或詔書由垜口正中置一金鳳口中啣而降下，這叫做金鳳啣命。天安門向北有端門。端門、天安門、大清門合稱皇城的三大門。與天安門相對的北端皇城有地安門，俗稱皇城的北門。皇城之內便是紫禁城，紫禁城略成長方形，城牆周圍六里長，南北長三百三十六丈二尺，東西長三百有二丈九尺五寸。整座城占地面積七十二萬多平方公尺，建築面積也有十五萬平方公尺。紫禁城城牆高三丈，城上短牆高四尺五寸五分，城牆本身上面的厚度有二丈五尺而底部的厚度有二丈一尺二寸。紫禁城四面各有一個門，南面稱爲午門，北面稱神武門，明代稱玄武門清代改神武門，東面稱東華門，西面稱西華門。城牆四隅都有角樓，建造很精巧。城外則環繞著寬有十五丈六尺的護城河，加上高大的城牆，把紫禁城護衛成固若金湯。午門在端門的北向是紫禁城的正門更是諸門中最壯麗的，門上三闕並覆金翅華麗，俗稱五鳳樓，午門共有五個門洞，按舊例當中的稱爲中門，只有皇帝才能出入，皇后在成婚入宮時可以走一次，再是殿試宣佈榜單後，中了壯元、榜眼、探花等一甲三名也從午門的中門出來，表示朝廷對士子的看重。中門兩邊稱左門和右門；文武官員出入從左門，宗室王公從右門。而東西兩拐角矩形掖門平時不開，只有在大朝的日子，文官走東掖門，武官走西掖門。另外殿試文武進士，按會試考中的名次，單數走左掖門，雙數走右掖門。午門是皇帝向王公百官頒賜時憲曆書和親征大征凱旋後受獻俘典禮的地方。此外也是文武官員齊集列班等候入朝，坐班以及某些慶賀活動的地方。明代朝廷處罰廷杖大臣就在午門前的御路東側舉行。午門之北就是紫禁城的宮殿建築了。

紫禁城內殿闕巍峨，紅牆黃屋極堂皇富麗，宮殿建築大致完成於明代永樂皇帝，他仿照金陵的規模，建造宮殿樓閣，氣概更雄偉闊大。明末闖王李自成攻入北京，紫禁城頗遭焚毀，清人入關代替明朝而有天下，遂將紫禁城修築後沿襲而用。明代宮殿極其侈華，而清代順治、康熙兩朝特意節儉，僅擇明代宮殿門宇修繕裝飾，未作炫耀華麗。一直到乾隆皇帝時，因國家物產豐盛，四海昇平，宮殿樓閣修繕才窮極閎麗堂皇。到了嘉慶、道光兩朝以後，國家內憂外患加逼，國家財力澆薄，宮殿就很少興築了，甚至很多空閑不用的房舍，任其倒塌毀棄不予修繕，日趨凋零。

皇宮分外朝和內廷兩部份，外朝是皇帝和官員們舉行典禮及各種政治活動的地方；內廷就是皇帝和后妃們起居的地方同時也是皇帝處理日常政事的處所。紫禁城，自午門進來，一直向北走，先到太和殿，中和殿，保和殿，統稱前三殿也就是外朝；進入乾清門再往北，便是內廷了。經乾清宮（皇帝居住及處理日常政務的地方，但自雍正皇帝起搬到養心殿去住，乾清宮就作爲接見大臣和每年元旦宴請王公的地方。）交泰殿（收藏皇帝御用寶璽，共有二十五顆），坤寧宮（皇后寢宮）稱爲後三宮，直通御花園，園的正中有欽安殿，再往北就到神武門，神武門便是紫禁城的後門。這一條從午門到神武門貫通南北的直線上前後並立著重要的宮殿，正是紫禁城的骨幹構成了全部宮殿的中軸。在這中軸的兩邊，前面三大殿左右有文華殿、武英殿等建築，後面後三宮東西兩廂除了存貯皇帝冠袍帶履的端凝殿，放圖書檔案的懋勤殿，有皇子讀書的上書房，有翰林院學士值班奉侍皇帝的南書房，再經兩側日精門、月華門、龍光等門，便可通向東西兩邊的東六宮和西六宮了。東六宮是景仁宮、承乾宮、鍾粹宮、延禧宮、永和宮、景陽宮。西六宮有永壽宮、翊坤宮、儲秀宮、啓祥宮（後改名爲太極殿）、長春宮、咸福宮。東西六宮是皇帝衆妃嬪居住的地方。在東西六宮之後便是皇子們居住的宮殿了。這些內廷宮院就是向來所稱皇宮裏的「三宮六院」了。總之紫禁城內，層層樓閣，萬戶千門，總計紫禁城內宮殿門樓亭閣，在明朝時有七百八十六座，到了清朝只有十分之三，約計也有二百四十餘座之多。至於房間數，據民間傳說故宮有九千九百九十九間半房，因爲天宮有房一萬間，那麼世間皇帝不敢同此數，故而少半間，實際上據民國四十四年大陸上統計共有八千六百六十二間。

紫禁皇宮地域廣闊，宮殿樓閣衆多，因此維護修繕的工程不斷，不論小修、大修、建造，清朝統由內務府會同工部辦理。而大內的修繕保固工作則由內監工匠們負責。重要的內容。如宮殿花園春季時要疏濬溝渠，夏季要支搭涼棚，秋季時城牆上要拔草除棘，冬季要掃除積雪……等，這些工作是由內務府行文工部及各處宮殿按時舉行。總管內務府對於禁宮內一般清潔環保的工作都有詳細的規定；每年紫禁城上，於三伏天內（每年農曆夏至第三庚日起是初伏，第四庚日起爲中伏，立秋後第一庚日起爲末伏。三伏是一年中最熱的時候。）拔草，須十月內拔完草。春季要淘修宮內並壽康宮（係太皇太后，皇太后所居），寧壽宮（乾隆帝準備退位後所居之處，位於東六宮的東邊）以及紫禁城上的溝渠。夏季壽康宮，養心殿（清朝皇帝自雍正帝開始，都在此處理一切政務如批閱章本，召對引見，宣佈諭旨等，位於西六宮前）須擇吉日搭蓋新涼棚，所需蓆箔、竹杆、繩斤，照例買辦應用，全用新料。拆下的舊料留作其他處所搭蓋罩棚以便遮陽之用。秋季宮內等處實施每年歲修工程，都需要經過欽天監擇定吉期辦理。至於所用人工則規定：紫禁城收什渣土打掃地面都用蘇拉（滿洲語是指執役人，清時內廷有蘇拉歸太監管。此外軍機處、內務府等處也有蘇拉。而雍和宮內則稱執役的喇嘛爲蘇拉喇嘛）；但宮內遇有大項工程則傳用民匠，每年糊飾窗檽（窗上雕穿的方格子），宮內由宮內總管會同內務府大臣督率辦理，三大殿（外朝）等處及紫禁城內各門看守房屋則由工部辦理。每年立夏後紙窗內加上紗檽以防寒風，俗稱替窗。冬季必須除雪，乾清門前積雪例由內管領等帶領掃除，太和門內三大殿積雪則由內務府營造司員查看，由各佐領下披甲人（士兵）掃除。大內每雪後即於京營內撥三千名入內廷掃雪，輪番出入，每年如此。而南京舊例，也設有揀花舍人，名額有五百名，因此有「五百揀花，三千掃雪」的兩都佳話。至於平時故宮掃除地面的工作：紫禁城內各處都派正身蘇拉進內掃除，每天二百名蘇拉擔任這項工作，而檢查清潔照例由輪值的內務府大臣查看並負責。每年宮內等處換鋪紅白氈及擇吉換紙、撣塵，或壽康宮，養心殿擇吉支搭涼棚，都需要奏聞後辦理。總之，紫禁城內清潔整齊工作受到非常重視。譬如乾隆十六年，乾隆皇帝曾下諭旨道：「紫禁城內各處俱當潔淨整齊，如有應修之處亦當即行補修，豈可致令不潔不整。今朕經過地方竟有不潔不整之處。」可見乾隆皇帝非常注重宮內的環境保護問題。清代如此偌大的紫禁城，內承修工程所需費用每年規定約用三萬兩之數。

爲了確保紫禁城宮殿建築物的安全，有兩項消防設施需要特別介紹的。一項是門海，依據大清會典的記載，紫禁城內許多大殿前，庭院中都擺放一個個腹大口收，兩耳加獸面銅像的金屬大缸，總數有三百零八口。經抗日戰爭後，只剩下了二百三十一口。這些大缸有鐵、銅、鎏金三種：鐵缸是明代鑄造的，青銅缸有明代的，也有清代的，鎏金缸則均是清代的遺物。這些銅鐵缸原來稱爲門海，意指門前有大海也，認爲門前有大海就不怕火災，因此也稱作吉祥缸以趨吉避凶也。清代宮中大缸是歸內務府管理，每天內務府官員要派蘇拉從井內汲水，一擔一擔地把所有大缸灌滿，以備消防火災之用。每年到了小雪季節，宮內太監則要在缸外套上特製的棉套，上加蓋，並在缸下的漢白玉石基座裏放置炭火，使其晝夜不息地燃燒，以防止缸雨貯水結冰。直到來年驚蟄大地春回，氣候回暖，才解去棉套，撤去炭火。另一項是內外金水河。流經天安門前則爲外金水河；而流經太和門前則爲內金水河。內金水河在紫禁城內蜿蜒曲折，如同一條碧綠玉帶，爲皇宮增色不少，河上小橋更是設計得美侖美奐。金水河既爲宮廷內的消防提供了水源之外，又爲大雨之後排洩洪潦提供了渠道。因此明清兩朝的皇帝都很重視它，每年都要清理疏浚，使之保持流暢。

總之範圍廣大，殿閣門樓衆多的紫禁城，用在維護其清潔，隨時整修宮殿花苑，所費不貲，動員人力更不在少數，因此要做好環保工作確實不是一件簡單的事。

浙江奇才——錢江的獨立卓行

錢江字東平，是清代道光咸豐朝浙江長興縣人。（註一）少年讀書，聰穎冠群。習字臨帖，則曰此徒以困英雄，爲此不肯竟學。讀書範圍廣泛，涉獵卜筮術數，最愛兵學。也研究輿地，對於扼塞險阻要地更不肯放過，窮加研究。但參加正規科考，卻屢試不舉。遂捐貲得了監生。由於他負雋才好爲無顧忌語，且語鋒勢凌，跅弛不羈，有俯視一世之慨，故錢江在故鄉不得人望。後來前往廣東遊歷。道光二十年間，兩廣總督林則徐倡議禁煙。英國肇釁，錢江憤怒，遂集衆舉義，並擬檄文，倡議拒敵，與英人爲難，林則徐對錢江深器之。後林則徐以罪去職遣戍伊犁。遂由琦善代林則徐爲兩廣總督。因清廷懼英，改剿爲款。錢江便率衆燬英民館。琦善以錢江煽動愚民阻礙大局，舉發他犯法，所作檄文語多指斥，朝廷遂革其監生並坐以罪。知縣梁星源捕獲錢江，遠戍新疆。錢江到了新疆後，由於他口若懸河議論激昂。自將軍以下均與之交。也曾協助林則徐塞決黃河決口事。錢江並賦詩以明志，其詩曰：

> 大荒落日旆悠悠，獨坐穹廬動九愁；
> 一曲關山千里月，五更風雨萬家秋。

窮邊羈旅悲蘇武，市井功名哭馬周；
欲憶故園金粉地，蒼茫荆棘滿南州。
伊犁河水繞孤城，直送黃流接帝京；
天馬奇才呈御殿，胡笳新曲雜邊聲。
九霄露湛團花帳，萬騎風高細柳營；
寄語守邊諸將帥，承平武備要修明。（註二）

錢江詩充滿憂傷孤寂，懷才不遇的感慨。

後來錢江遇赦自新疆歸，卻不直接回江南，爲了尋找發揮才華的機會，遂遊京師。以其辯才震動京師公卿，但無人敢用。不久即隨薄笨車（註三）南下，有多人相送。浮沉江浙亦無收獲，便發奮讀書以求科名，參加北闈試即順天鄉試，仍然名落孫山。

道光三十年（西元一八五〇）六月，洪秀全於廣西省桂平金田村起事。咸豐元年洪秀全入永安州建號太平天國。咸豐二年太平軍陷湘岳下武昌漢口。錢江自認時機到來，遂覺「此吾錐囊中脫穎而出時也」。錢江立即去叩見天王洪秀全，上書論天下大勢曰：

伏以天王起事之初，笄髮易服，欲變中國二百餘年索虜之俗。志謀遠大創業非常。其不以武昌爲止足之鏡明矣。今日之舉有進無退，區區武昌守亦亡，不守亦亡。與其坐而待亡，孰若進而冀其不亡。不乘此時爲破釜沈舟之計，馬驅北上，徒苟且目前，誠無謂也。金陵建業，古帝王建都之所。鳳泗汴梁，眞聖人能起之方。宜先取江寧以裕軍餉，繼取汴梁以爲倚角，終取濟南以圖進取。扼魯之運河可以坐困通倉之食。截南北之郵傳可以牽制勤王之師。所過則秋毫無犯，所至則招納賢能，而民有不完髮易服，簞食壺漿之迎者，江未之信也。南京不下，則江東不得渡。豐沛不陷，則青袞不得進。山東不搖，則燕京不得戒嚴。糧漕困於內，人心離於外。孟子所謂「不嗜殺人者能一之。」正此時也。今日之事勢成騎虎，萬一頹惰轉致蹉跎，成敗之機間不容髮。我軍遠離鄉井志切從龍，聞進同心同力躍踴爭先；聞退則畏首畏尾存亡莫保。戎衣兩載捨命沖陷。渡湖而後，無復有南還之望者，皆欲立功名享富貴。誓九死以垂勳，不願一生以伏莽也。誠因時而勵之，群策群力，一可當百，萬戰何敢辭，時哉不可失。席前之箸江願借而籌之；馬上之策江願指而先之也。俟南京底定後，招集流氓抹厲兵馬，扼眾南堵。揮軍北上，左出則趨江北以進戰，急則可調淮陽之軍以繼之；右出則握河海以拒敵，急則可調開歸之軍以應之。南陽汝寧，則發一軍以突其西，略取河內州縣，乘勝入晉直抵燕冀無反旆。杭嘉金衢，則發一軍以沖其東，促我沿海舟師相機定浙，伺間窺閩無輕舉。兵不止於一路，計必出萬全。內固江南之根本，外安新造之人民。修我規模則西而秦蜀，南而豫粤，可傳檄而定，此千古一時也。布置調度，此其大略。欲成基業願勿他圖。夫草茅崛起締造艱難，必先有包括宇宙之心，而後有旋乾轉坤之力。知民之爲貴，得民則興，知賢之爲貴，得賢而治。……否則，眷戀武昌預懷得寸則守之思，偏隅自足，因循歲月，疆域不增，糧竭眾危，四面受敵，大勢已去不能復振。噬臍之悔誠有非吾

屬之所忍言者矣。(註四)

錢江此篇論說，對當時清朝與太平天國的情勢分析可謂精闢獨到，無論軍事、政治、民情等各方面都有扭轉乾坤的看法和主張。如果天王洪秀全能堅持實行錢江的建議，則清朝就早亡於太平天國了，誇獎錢江爲奇才實不爲過。

咸豐三年洪秀全接納錢江建言，乃順流東下江寧，遂以南京爲國都。當時梁星源閒居南京，錢江搜補並殺之，以雪遠戍新疆之恨。洪秀全以錢江爲大司馬，幫理軍民事務。後因太平天國爭權奪利引起內訌，楊秀清韋昌輝皆被殺。翼王石達開，不聽錢江勸留，離京而去。錢江不久亦離太平天國而去淮陽以求展才機會。

時江淮間清軍與太平軍戰事方劇，需餉浩繁。清政府特派副都御史雷以諴來辦糧臺，以供清軍後援補給。開府衙於江蘇邵伯埭。此地在江蘇省江都縣北，位於運河東岸，當邵伯湖東南地。據水陸交通之孔道，爲江都縣要地。錢江帶著名片去拜訪雷以諴以求一官半職。錢江歷言用兵理財諸法，深得雷以諴的激賞，遂成爲他的幕府一員。自太平軍竄擾以來，犯地已十省，時及四年，清軍各處添兵，即各處需餉，國家經費常入少而出多，勢必日形支絀，而太平逆匪蔓延又不知何時平定。如有餉無兵尚可招募；但有兵無餉便更難支持。此時清朝江北屯兵數萬，需餉甚急而各省協款不至。因此雷以諴責任重大，在半籌莫展的情況下焦慮益盛。錢江特爲擘劃，獻上二策，解決了雷以諴籌餉的問題。第一策是改變現行的捐輸辦法。捐輸助餉辦法，清朝已實行多時，但從前繳銀捐輸多時，給獎不聞，時有所聞，這種給獎緩慢影響了捐輸的成效。錢江爲改善捐輸成效，鼓舞捐輸以充裕餉源，要雷以諴向戶部請領空白部照，隨捐隨時塡發。咸豐三年雷以諴奏請於泰州、寶應設立分局，比照糧臺收捐，以利各地監生捐輸。不久戶部議定捐輸辦法，並通行全國。戶部的辦法：一、將職銜、封典各執照發交各省藩司塡給。二、各省派捐監生、預將空白部照及監照，發到各州縣隨捐隨給。（註五）這個辦法實行後，結果富人朝輸貨財，夕膺章服，歡聲載道，踴躍輸將。不旬日得餉十餘萬，給雷以諴解決燃眉之急。但日久捐輸助餉的人便漸漸少了。爲了持久有效的解決餉源，錢江向雷以諴獻上第二策——抽釐法。即徵收百貨釐金以助軍餉。雷以諴抽釐助餉辦法如下：

臣晝夜思維求其無損於民，有益於餉並可經久而便民者，則莫如商賈捐坐一法。因裏下河百產之區，米多價賤。曾飭委員於附近揚城之仙女廟、邵伯、宜陵、張綱溝各鎭。略仿前總督林則徐一文愿之法，勸諭米行捐釐助餉，每米一石捐錢五十文，計一升僅捐半文。於民生毫無關礙而聚之則多。計自去歲九月（咸豐三年）至今（咸豐四年三月廿四日），祇此數鎭米行幾捐至二萬貫。既不擾民又不累商。數月以來商民相安如同無事。古人云逐末之微意而變通行之。入少則捐少，入多則捐多，均視其買賣所入爲斷，絕不強民以所難。況各行鋪捐釐，其實仍出自買客，斷不因一二文之細爭價值之低昂。所爲徵於無形而民不覺者也。………大約每百分僅捐一分，甚有不及一分者。令各州縣會同委員斟酌妥議，稟明出示起捐。其小鋪戶及手藝人等概行蠲免以示體恤。」（註六）

雷以諴因錢江獻策，創立抽釐助餉法於行商坐賈中，視其買賣之數，每百文捐錢一文。小本經紀者免。居者設局，行者立卡以抽釐捐。按月報解，以濟軍需。由於收取甚廉，無病於商賈，但所入甚夥，有利於軍需。不期月又得餉數十萬。確實解決了清代財政枯竭問題。根據光緒會典事例卷二四一記載，全國其他各省也相繼創辦釐捐制度，如湖南省於咸豐五年四月實施，江西省於咸豐五年八月實行，湖北省於五年十一月實施。四川省於咸豐五年十二月實施。其他如奉天、新疆、吉林、安徽、福建、直隸、河南等省也相繼於咸豐六年至八年間創辦。現代學者何烈先生對於釐金制度有這樣的一段話：

雷以諴的創辦釐金制度，是清代租稅制度的一大改革。曾國藩的軍事改革，實以雷以諴的財政改革爲基礎。沒有厘金收入，清軍根本無以自存。縱有面目一新的湘軍、淮軍，也無力削平內亂。湘軍與太平軍作戰，固以厘金爲主要餉源。繼湘軍而起的淮軍也以厘金爲其命脈所繫。其他各處軍隊情形莫不皆然。這兩大改革配合在一起，遂使滿清王朝壽命又多延續了五十餘年。（註七）

足見雷以諴創立厘金制度的影響有多大，而其獻策者即浙江奇才錢江也。在當時江上清軍諸師都倚雷以諴爲長城。蓋軍隊餉需由雷以諴接濟也。而雷以諴則視錢江爲左右手。兩人關係密切，遂使錢江名滿天下。雷以諴更常使錢江與同幕五人。下河督勸捐納，不從者脅之以兵，時人畏之，稱他們五虎。錢江協助雷以諴有功，被提拔至監司。然而錢江恃才而驕，使氣益甚，玩同府幕友於股掌，視諸官如奴隸，咄嗟呼叱，毫無顧忌，而上下交惡，讚毀日甚。雷以諴亦與錢江漸疏，使得兩人膠漆則變爲冰炭。錢江愈怒，亦常對雷以諴譏斥，以諴積忿日深，但因欽其才而姑含容之，但有一日，在酒宴上雷錢兩人議論相左，以諴怒甚遂加以責備，錢江使酒大罵並擲盃起，曰即不然能殺我耶。以諴大憤，拍案曰即殺汝敢有何言。立即叱令左右牽出斬之。當時酒宴上有個鹽知事五品翎頂管帶張翊國，素爲江所輕慢。至是得以諴令，掣劍而行。殘酒未終，江頭已獻於麾下矣。雷以諴遂以錢江恣肆跋扈並將謀不軌入奏。其實雷以諴誣錢江謀叛，以掩飾其妄殺之罪。浙江奇人錢江便一命嗚呼了。論錢江之才氣，此時眼中尙有太平軍乎？但錢江終遭殺身之禍者，在於他本身氣蓋天下，目中無人。且是一個十足敵我不分的投機分子所使然。

【附註】

註一　《清史》（臺北，國防研究院印行）卷四二三，《列傳》二〇九，頁四八二九。〈雷以諴傳〉云：「錢江者，浙江長興諸生」。《清史館傳稿》故宮編號八〇六八，（繆荃孫纂）〈卓行列傳〉「錢江」云：「錢江字東平，長興人」。另故宮編號八〇六九《清史稿卷》〈卓行列傳〉「錢江」亦云：「錢江，長興人」。但〈續碑傳集〉，卷八三，〈義行傳〉云：「江字東平，浙江歸安人」。另《中國人名大辭典》，頁一六一三，及《最新世界人名大辭典》，頁一一八九亦云：「錢江，清歸安人」。今從《清史》稿本。

註二　《清代七百名傳》，第一編，（錢江）頁六八一七，（臺北廣文書局，民國七十九年再版）。

註　三　薄笨車，柴車也，以其制粗簡而行馳不迅捷也。

註　四　同註二。

註　五　《清咸、同時期的財政》，(國立編譯館中華叢書編審委員會印發行，何烈著)，第五章，第三節頁二一三二。

註　六　《皇朝道咸同光奏議》，卷三十七，頁一九八五，(請推廣捐釐助餉疏，咸豐四年三月癸亥，雷以誠)。

註　七　同註五，頁二四四。